Martha Mödl
So war mein Weg

MARTHA MÖDL
SO WAR MEIN WEG

Gespräche mit Thomas Voigt

Parthas

Abbildungen:
Titelfoto Wieland Wagner (Festspiele Bayreuth), Festspiele Bayreuth (54, 56, 60, 82, 86), Rudi Betz (70, 115), Günter Bleyl (170), Ilse Buhs (99, 158), Foto-Fayer (121, 143), Harri Irmler (171), Kranichphoto (149, 151, 165, 180), Lauterwasser (57, 76), Fotostudio Puhlmann (161), Susan Schiemert-Ramme (184), Werner Schloske (95), Marion Schöne (147), Wolfgang Veit (188), Foto-Weizsäcker (97), WDR (186), Madelin Winkler-Betzendahl (102, 103, 105, 153), Privatarchiv Mödl (alle weiteren Fotos).

Die Deusche Bibliothek – CIP-Einheitsaufnahme
Mödl, Martha:
So war mein Weg / Martha Mödl. Gespräche mit Thomas Voigt. - Berlin: Parthas-Verl., 1998
  ISBN 4-932529-08-1

© 1998 by Parthas Verlag GmbH
Satz und Reproduktionen: TypoLINE – Karsten Lange, Berlin
Umschlaggestaltung: Hans Spörri
Druck und Binden: PPK – Partner für Print und Kommunikation GmbH, Bielefeld
Printed in Germany

Inhalt

Vorwort

Manche Leser werden sich fragen, wieso dieses Buch erst jetzt erscheint. Wenn ich es mir einfach machen wollte, könnte ich sagen: Schuld daran ist Walter Erich Schäfer. Denn das Buch, das dieser große Theatermann Mitte der 60er Jahre über Martha Mödl geschrieben hatte, finde ich heute noch so gut, so wohltuend anders als all die anderen Sängerbücher, daß ich es wirklich vermessen fände, eine Fortsetzung schreiben zu wollen.

Der hauptsächliche Einwand aber kam von Martha Mödl: Sie wäre schon längst zu einem neuen Buch bereit gewesen – wenn sie in ihren bisherigen 56 Bühnenjahren Tagebuch geführt hätte. Da sie das aber nicht getan hat, hätte sie alles Wesentliche ihrer Laufbahn aus dem Gedächtnis rekonstruieren müssen, und davor scheute sie verständlicherweise zurück.

Aber es gab dann doch einen Weg: Erstens hatte ich ohnehin nicht vor, eine typische Sängerchronik zu schreiben, sondern ein Buch über den Menschen Martha Mödl. Und zweitens sollte es möglichst viel „Original-Ton" sein. Nachdem ich dann wieder Peter Heyworths Gespräche mit Otto Klemperer gelesen hatte, war mir die Lösung klar: Ein Buch in Dialog-Form, Martha Mödl im Gespräch. Keine objektive Darstellung eines Sängerlebens, sondern die subjektive Rückschau der Martha Mödl von heute. Insofern entfällt auch das Problem der Gedächtnislücken: Wichtig ist, woran sich die Künstlerin erinnert; alles andere zu recherchieren ist Sache der Chronisten.

Grundsätzlich teilt auch Martha Mödl diese Ansicht, bittet aber trotzdem ausdrücklich um Nachsicht, falls ihre Erinnerungen im einen oder anderen Fall von der objektiven Wahrheit abweichen sollten. Um zu verdeutlichen, wie wichtig ihr dieser Punkt ist, möchte ich folgende Passage aus unseren Vorgesprächen wiedergeben:

„Als ich das Angebot bekam, in Nizza die ‚Pique Dame'-Gräfin zu singen, hab ich bei mir gedacht: O schön, jetzt lernst du endlich einmal auch diese Stadt kennen, wunderbar! Ich komme an in Nizza, werde am Flughafen abgeholt, schau mir diese wunderbare Promenade an – und denke an nichts Böses. Zwei Stunden später bin ich im Theater (ein schöner, alter Bau) und gehe zum Direktor, Pierre Médecin. Und wie er mich sieht, kommt er freudestrahlend auf mich zu: ‚Wie schön, daß Sie wieder hier sind – nach all den Jahren!' Und zeigt mir an der Wand ein gerahmtes Foto von mir als Isolde und mit meiner Unterschrift. Na, ich war sprachlos! Da bin ich schon 1961 in Nizza gewesen und hab's nimmer gewußt! Sehen Sie, so zuverlässig ist mein Gedächtnis. Und darauf wollen Sie sich einlassen?!"

Mit Freuden habe ich mich darauf eingelassen, nicht zuletzt, weil sich das dafür notwendige Nach-Recherchieren als unerwartet lustvoll und spannend gestaltete, vor allem bei der Durchsicht alter Theaterzettel und Kritiken. Daß trotzdem die Liste der Aufführungen im Anhang Lücken hat, bitte ich zu verstehen: Eine Zusammenstellung sämtlicher Auftritte Martha Mödls würde Jahre in Anspruch nehmen und wäre vom Umfang her ein Buch für sich.

Allen, die mir beim Zusammentragen des Materials (Briefe, Aufführungszettel, Programmhefte, Kritiken etc.) geholfen haben, möchte ich an dieser Stelle danken:

Gertraude und Hans Girschik in München, Dr. Bernhard Paetz in Bonn, Georg van Almsick in Gronau, Johannes Gebhardt in Stuttgart, Dr. Marianne Schönenberger in Zürich, Dr. Ingo Waltenberger und Peter Jansky in Wien, Dr. Peter Dusek vom TV-Archiv des ORF Wien sowie den Damen und Herren des Theatermuseums Düsseldorf.

Für kollegiale Unterstützung danke ich Brian Large (New York), Dr. Klaus Schultz (München) und Dr. Geerd Heinsen (Berlin), für mentalen Antrieb (und Auftrieb) meinen Freunden Hannes Brock (Hagen), Sandro Wilhelm (Zürich), Michael Kessler und Nanno Viëtor (Berlin).

Widmen möchte ich dieses Buch keiner einzelnen Person, sondern all denen, die durch Martha Mödl erfahren haben, was Theater und Gesang, was Menschlichkeit und Ehrlichkeit bedeuten.

Thomas Voigt, April 1998

Begegnungen mit Martha Mödl

Objektiv und aus der Rückschau gesehen war mein erster Eindruck nicht der beste: Eine Fernsehproduktion von Millöckers „Bettelstudent". Die Lippenbewegungen waren alles andere als synchron, und optisch hatte das Ganze so viel Charme, wie es nur ein Fernsehstudio der frühen 70er Jahre ausstrahlen konnte. Und doch war es mein erster entscheidender Eindruck.

Ich muß zehn oder elf gewesen sein, ich kannte schon einige Opern und Operetten, aber an diesem Abend passierte das Merkwürdige, daß ich immer nur auf eine Sängerin achtete, obwohl sie gar nicht so viel zu singen hatte: Martha Mödl als Gräfin Nowalska. Jahre später las ich bei Walter Erich Schäfer: „... als sie mit der Selbstverständlichkeit des echten Theatermenschen kleinere Rollen übernahm, konnte man etwa an ihrem Rücken als Mutter im ,Bettelstudent' alles ablesen, was ein anderer sang oder tat, oft besser und deutlicher als von diesem Darsteller selbst." Solche Feinheiten kriegte ich damals noch nicht mit. Ich war mit Platten aufgewachsen, nicht mit Theater; Oper und Operette waren für mich zum Hören da, nicht zum Sehen. Und was mir bei der Mödl tagelang keine Ruhe ließ, war – die Stimme.

Gott sei Dank reichte das Taschengeld noch gerade für die Solo-Platte der Mödl bei Telefunken, eine Volksausgabe für 10 Mark. Und damit, mit der Eboli, Lady Macbeth und Brünnhilde fing es eigentlich an. Fast jeden Tag hörte ich diesen warmen, dunklen, erdigen Celloton, die klangvollen Zarah-Leander-Konsonanten („Dieser Fleckennn kommmt immmer wieder"). Aber bald schon mußte es mehr sein. Ganze Opern. Und immerhin konnte ich mir – durch Austragen von Kirchenblättern – als nächstes den „Fidelio" unter Furtwängler leisten. Die Wirkung, die ihre passionierte Gestaltung der Leonore auf mich machte, weiß ich noch wie heute.

Es war zum ersten Mal dieses ganz intensive, undefinierbare Gefühl, das tief im Innern rumorte und dabei leicht auf die Tränendrüse drückte, obwohl einem gar nicht zum Heulen zumute war. Das war also gemeint, wenn man sagte, man sei „zutiefst gerührt"...

Reichlich ungerührt war allerdings mein Deutschlehrer, als er entdeckte, daß ich Bücher und Schulhefte mit den Besetzungen von Opern-Platten vollgekritzelt hatte. Dazwischen immer der Schriftzug von Martha Mödl. Den kannte ich mittlerweile, und da wir unter der eisernen Fuchtel einer brutalen Grundschullehrerin noch Sütterlin gelernt hatten, konnte ich ihn auch sofort nachmachen. Oder malte einfach „MM" (was nur völlig Ahnungslose als „Marilyn Monroe" deuten konnten).

Mit meiner Gier nach neuen Platten stieg zum Glück auch mein Einkommen: Außer den züchtigen Kirchenblättern trug ich jetzt weniger züchtige Illustrierte aus. Das brachte zwischen fünfzig und sechzig Mark im Monat – für einen Dreizehnjährigen im Jahr 73 geradezu sensationell. Das war die finanzielle Basis meiner ersten „Walküre" (Mödl, Rysanek/Furtwängler). Doch schändlichster Betrug! Die Platten – von der amerikanischen Billig-Serie „Seraphim" – waren derart verwellt, daß der Tonarm beim Abspielen auf und nieder ging, und entsprechend jaulig war der Klang. Ohnmächtig vor Wut kroch ich ins Bett und war für den Rest des Tages nicht mehr ansprechbar.

Solche Geschichten gingen mir durch den Kopf, als ich Martha Mödl zum ersten Mal begegnete, 1988 bei einem Interview, das Winfried Fechner und ich mit ihr im WDR-Studio Dortmund führten. Inzwischen hatte ich sie öfter auf der Bühne gesehen (heute muß ich sagen: nicht oft genug), wußte wohl, was das Einzigartige ihrer Darstellung war, konnte mir auch erklären, was mich als Kind so gepackt hatte, wenn ich sie in aller Unschuld hörte.

Mit diesem Bewußtsein ging ich zum Interview – und mußte gleich feststellen, daß alles „Wissen" in ihrem Fall vollkommen unwichtig war. Selbst wenn wir gar nichts über sie gewußt hätten – sie wäre genauso herzlich zu uns gewesen, genauso offen. Nachdem ich sie zurück nach Düsseldorf begleitet hatte, verabschiedete sie sich mit den Worten: „Das war schön, ich hab mich richtig wohl gefühlt bei euch."

Als ich die Musik für das WDR-Portrait zusammenstellte, versuchte ich immer wieder eine Verbindung herzustellen zwischen der Martha Mödl, die ich im Studio kennengelernt hatte, und den Frauen, deren Identität sie annahm, sobald sie auf die Bühne kam:

Kundry, Isolde, Brünnhilde, Leonore, Klytämnestra, „Pique Dame"-Gräfin.

Aus dem Lautsprecher tönte einer ihrer ganz großen, magischen Momente: „Denn selig aus ihm leuchtet mir Siegfrieds Liebe" (hat man diese Phrase – und etliche andere in Wagners „Ring" – jemals so erfüllt gehört wie bei Furtwängler und Mödl?)

„Woher nimmt die Frau bloß diese Töne?", fragte der Tontechniker. Hätte es nicht furchtbar pathetisch geklungen, vielleicht hätte ich mich getraut ihm zu antworten: „Aus der Tiefe des Herzens" oder „Aus dem Urgrund der Seele".

Dann Kundry: „In stets erneuter Wahnsinnsnacht, aus der ich büßend kaum erwacht"… Das „kaum erwacht" bis zum Zerreißen gespannt – eine Phrase, bei der Martha Mödl alles verdrängte, was mit „Kontrolle" zu tun hat. Wie sonst hätte sie dieses Verdammt-Sein der Kundry, dieses Nicht-mehr-Ertragen-Können derart in Worte und Töne fassen können?

Wieder mußte ich daran denken, was Christa Ludwig über die Kundry der Mödl gesagt hatte: „Der Wunsch, so sein zu wollen wie sie, widerstreitet immer mit der Vernunft, so nicht sein zu dürfen."

Wie Maria Callas hat Martha Mödl in manchen Rollen ihre Stimme förmlich verzehrt – und dabei das schönste Licht gebracht. Doch im Gegensatz zur Callas hat sie ihren Beruf nicht der Sehnsucht nach einem privaten Glück geopfert – weil sie instinktiv wußte, daß die Bühne ihr Leben ist.

Zwei Dinge, die man großen Sängerinnen so gern nachsagt, findet man bei Martha Mödl tatsächlich, und zwar in Reinform: Ehrlichkeit und Bescheidenheit. Wobei ihre Bescheidenheit (vielmehr ihre Furcht, überheblich zu wirken) leider so weit geht, daß Sie dazu neigt, im Nachhinein alles zu verkleinern, was sie im Leben geleistet hat.

Sie kann vieles sein – selbstironisch, witzig, auch eigensinnig –, nur eines nicht: oberflächlich. Das Wort „Karriere" haßt sie „wie die Pest", und in all den Gesprächen, die wir in den vergangenen zehn Jahren geführt haben, war nicht ein einziges Mal davon die Rede, daß sie irgendwo einen „Riesenerfolg" hatte. Wenn ich dann mal nachhakte und etwas über die Resonanz beim Publikum wissen wollte, kam allerhöchstens ein Zugeständnis wie: „Naja, es ist schon angekommen, glaube ich. Ich hab eben das gemacht, was ich immer mache, ich kann ja nix anderes."

Bei 98 Prozent aller Künstlerinnen wäre das „fishing for compliments" gewesen. Aber was die Mödl sagt, das meint sie.

Seit mehr als einem halben Jahrhundert gehört sie zu den großen Konstanten des Theaters, zu den Wenigen, die ihren Zuhörer und Zuschauer immer erreichen. Ob der Einzelne weiß, wer sie ist, spielt keine Rolle – die Verbindung ist sofort da. Weil Martha Mödl bei allem, was sie tut, wahrhaftig ist, weil sie nie kalkuliert und ihre Kunst völlig absichtslos ist: Eben nicht Schein, sondern Sein.

Martha Mödl
im Gespräch mit Thomas Voigt

Eltern und Kindheit

Frau Mödl, wenn ich in Ihren Biographien „geboren in Nürnberg" lese, dann fällt mir sofort eine Bemerkung von Ihnen ein. Sie waren seit vielen Jahren das erste Mal wieder in Ihrer Heimatstadt, für eine Opernproduktion, und sagten mir am Telefon wortwörtlich: „Hier bringen mich keine zehn Pferde wieder hin!"

Dazu stehe ich auch heut noch. Und wenn Sie mir die tollste Villa dort hinsetzen – ich geh nicht noch mal dorthin. Daß Sie mich aber nicht falsch verstehen: Das hat weder etwas mit den Leuten in dieser Stadt zu tun, noch mit den Stücken, die ich am Theater gemacht habe – sondern nur mit mir und meinen Erinnerungen. Es ist bei mir so, daß ich meistens nur das ganz Gute und das ganz Schlimme im Gedächtnis behalte; das Alltägliche mit all seinem Mittelmaß und seinen unangenehmen Seiten, das weiß ich größtenteils nicht mehr, das habe ich erfolgreich verdrängt. Und als ich nach all den Jahren wieder in Nürnberg war, ist mir halt vieles Unangenehme wieder eingefallen.

In dem Buch von Walter Erich Schäfer kann man zwischen den Zeilen lesen, daß Ihre Kindheit in Nürnberg wohl alles andere als glücklich war.

Weiß Gott! Drum denke ich auch nicht gern daran zurück. Weil mir aber klar ist, daß wir dieses Kapitel bei unseren Gesprächen nicht ausklammern können, habe ich darüber nachgedacht, und mir ist dazu auch einiges eingefallen. Wobei ich mich bei manchen Sachen gleich wieder frage, ob wir das auch schreiben können.

Zu Ihren Eltern schreibt Schäfer: „Es waren wohl sehr fremde Welten, die in diesen beiden Menschen aufeinanderstießen, die der Nürnberger Kaufmannstochter und die des böhmischen Malers. So ist es kein Wunder, daß sie sich nur kurz anzogen und dann wieder abstießen. Und Maler Mödl zog davon, er entschwand, er starb irgendwo – besser: er erlosch wie ein Komet in der Ferne."

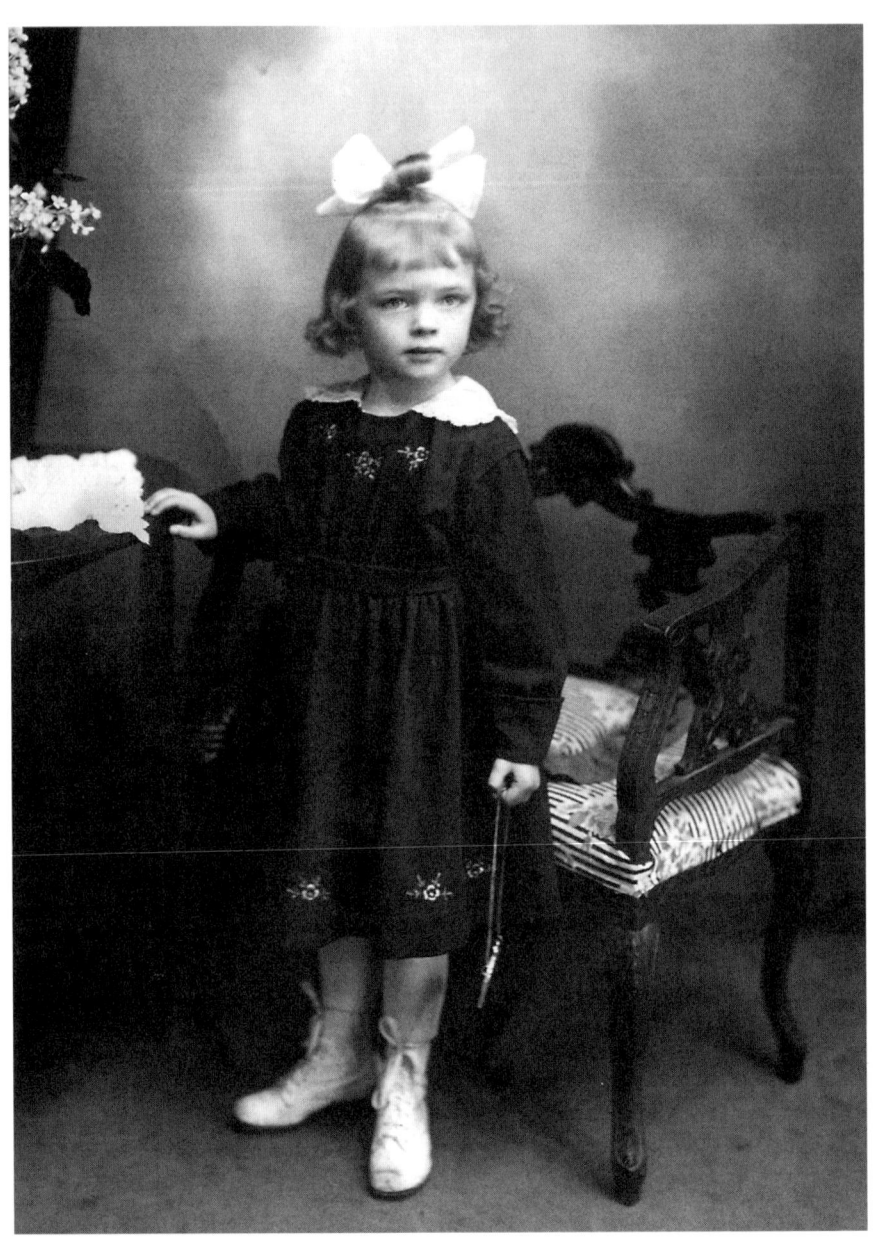

Martha Mödl mit vier Jahren

Das stimmt, ja. Mein Vater hat uns verlassen, als ich zwölf Jahre alt war, danach habe ich ihn nur ein einziges Mal wiedergesehen, da muß ich ungefähr 18, 20 Jahre gewesen sein. Was mit ihm in den Jahren danach passierte, weiß ich nicht. Ich weiß nur, daß er im Alter von Ende 50, Anfang 60 gestorben ist. Nach dem, was ich heute über ihn weiß, muß mein Vater ein Mensch gewesen sein, der sehr talentiert war – nicht nur als Maler; er war in vielerlei Hinsicht begabt. Man könnte sagen, er war ein einziges großes Naturtalent. Schon als Kind hat er ein Fahrrad-ähnliches Gefährt gebaut und hat dafür auch einen Preis bekommen. Und er hat, obwohl er keine Noten lesen konnte, sich an ein Klavier setzen und jede Melodie nachspielen können.

Nur leider hat er all seine Begabungen dem Zufall überlassen, aus keinem seiner Talente hat er wirklich etwas gemacht. Immer wieder hat er etwas Neues angepackt, und immer wieder hat er's aufgegeben. Als ich zur Welt kam, hatte er gerade eine Schreinerei, aber das ging nicht lange gut. Danach hat er mit seinem Bruder eine Art Holzverarbeitungsfabrik gegründet – und auch das war nicht von Dauer. Können hätte er alles, nur hatte er nicht die Ausdauer, etwas konsequent von Anfang bis Ende durchzuführen.

Demnach haben Sie alles Künstlerische von ihm?

Fast. Denn die Liebe zur Musik, die habe ich von meiner Mutter. Sie hat sehr gern gesungen, leider alles einen Viertelton zu tief. Im Grunde waren es zwei Dinge, die für ihr Leben entscheidend waren: Die Liebe zur Musik und die Liebe zu ihrer Tochter.

Also sind Sie mit klassischer Musik groß geworden?

Nein, nein, meine Mutter hatte anfangs ein Faible für jede Art von Unterhaltungsmusik, von der Operette bis zum Schlager. Die sogenannte „Ernste Musik" hat sie erst später schätzen lernen, als ich Sängerin war. Wobei ihr Zugang zur Oper eher instinktiv als reflektiert war. Ich weiß nicht, ob sie zum Beispiel einen „Tristan" jemals wirklich verstanden hat. Aber sie hatte einen sehr starken Instinkt für musikalische Qualität. Ich weiß noch, daß sie einen Sommer in

Bayreuth – es muß um 1953/54 gewesen sein – nach Hause kam und sagte: „Als ich heute beim Festspielhaus spazieren ging, habe ich aus einem Probenzimmer eine herrliche Sopranstimme gehört – die wird für Euch alle eine große Konkurrenz werden!" Wie sich später herausstellte, war das jemand, den wir damals noch nicht kannten: Birgit Nilsson.

Bei meinen Kollegen war meine Mutter sehr beliebt. Wolfgang Windgassen nannte sie „Mama Lina". Sie hatte auch keinerlei Schwierigkeiten, sich in der Theaterwelt zu bewegen. Sie hatte nicht diese Hemmungen, die ich oft hatte, aber sie war auch nicht das typische Beispiel einer stolzen Sängermutter – nach dem Motto: „Seht nur, meine Tochter!" –, sondern immer bescheiden und zurückhaltend. Und sehr herzlich.

Sie waren mit ihr ein Leben lang zusammen.

Ja, das Schicksal hat uns zusammengeschmiedet – von dem Moment an, als mein Vater uns verließ. Von da an haben wir immer zusammen gelebt, bis zu ihrem Tod im Alter von 85 Jahren. Das war nicht immer einfach, wir haben uns auch gestritten, aber im Ganzen gesehen war es doch eine glückliches Zusammensein, das von gegenseitiger Liebe und Achtung bestimmt war. Und ich bin glücklich, daß meine Mutter noch meine beste Zeit als Sängerin erlebt hat. Nur die ersten Jahre, als wir uns ganz allein durchschlagen mußten, die waren hart. Da hat meine Mutter so vieles aushalten müssen, o Gott!

Darf ich fragen, was der Grund dafür war, daß Ihr Vater Sie beide verlassen hat?

Eine andere Frau. Mein Vater war ein Hallodri. Er hat meine Mutter von Anfang an betrogen. Und er hatte einen kleinen Größenwahn. Obwohl all seine Geschäfte immer auf wackligen Beinen standen, wollte er immer in einer vornehmen Gegend wohnen. Eines Tages sind wir dann auch von unserem Gäßchen weggezogen, da hatte er eine neue Wohnung in der Nobelgegend von Nürnberg gemietet – und von da an ging es ganz schnell bergab. Das wäre ein Extra-Buch, das kann man in Kürze gar nicht erzählen.

Eines Tages hat er meine Mutter aus dieser Prachtwohnung hinausgeworfen. Wie gesagt, ich muß damals zwölf Jahre alt gewesen sein, und kann mich an die Einzelheiten zum Glück nicht mehr erinnern. Ich hab nur mitbekommen, daß sich meine Eltern gestritten haben. Und nachdem mein Vater meine Mutter hinausgeworfen hatte, habe ich natürlich zu meiner Mutter wollen. Da bin ich am nächsten Tag um 5 Uhr in der Früh aufgestanden, habe meinen Teddy, meine Puppe und alles Spielzeug mit in die Schule genommen und bin gleich nach dem Unterricht zu meiner Mutter, die bei einer liebevollen Familie untergekommen war. Mein Vater hat mich zurückholen wollen, aber das ist ihm nicht geglückt. Irgendwann ist er von Nürnberg nach München gezogen, genau wie ich auch viele Jahre später. Und dort habe ich ihn auch besucht – einmal und nie wieder!

Wieso?

Es war einfach fürchterlich, so schrecklich, daß ich ihn nie mehr sehen wollte und alles weggeworfen habe, was mich an ihn erinnert hat. Drum habe ich heute auch kein einziges Foto von ihm. Er hat Dinge gesagt, die mich sehr verletzt haben. Das kann ich gar nicht wiedergeben. Eine der harmloseren Bemerkungen war: „Ach, Du arbeitest im Büro? Und dabei meinte Deine Mutter doch immer, daß Du mal zum Theater gehst!" Das kam so voller Hohn, das hat mir furchtbar weh getan. Und natürlich hatte ich auch eine Wut auf ihn, weil er meine Mutter so schlecht behandelt hat. Noch dazu hat er uns keinen Unterhalt gezahlt. Denn das ganze Elend fing ja damit an, daß wir keinen Pfennig von ihm bekamen.

Wie haben Sie sich in dieser Not geholfen?

Gott sei Dank gab es immer Menschen, die uns geholfen haben. Wenn ich bloß denke, wer uns alles aufgenommen hat! Irgendwann hat meine Mutter dann bei einem Schneider eine Anstellung als Haushälterin gefunden, und dort konnten wir beide auch wohnen. Aber nicht sehr lange, dann mußten wir wieder woanders hin. Ich hab mal gezählt, daß wir in der Zeit bis zum Ausbruch des Zweiten Weltkriegs (das heißt: zwischen meinem zehnten und meinem 27. Lebens-

Mutter und Tochter: 1916

... und 1965 (beim Christkindlmarkt)

jahr) 17mal umgezogen sind! Also im Schnitt jedes Jahr eine andere Wohnung. Zum Schluß sind wir in einer winzigen Wohnung über einer Kneipe untergekommen, wo sich jeden Abend eine Gruppe von Nazis getroffen hat und wo sie am Schluß, wenn sie alle blau waren, „Die Fahne hoch, die Reihen fest geschlossen" gegröhlt haben. Und ich weiß noch, daß ich eine Zeitlang abends in die Lokale gegangen bin, um Brezen zu verkaufen. Rückblickend muß ich sagen: Es war eine einzige große Strecke von Armut. Zum Glück hab ich das damals nicht so stark gespürt, ich war ja noch ein Kind.

Einen Ersatz-Vater gab es nicht?

Nein, nie. Mein Vater war der einzige Mann im Leben meiner Mutter. Danach hat sie nie wieder einen Versuch gemacht – wohl aus Furcht, wieder verletzt zu werden. Und sie war dann ihr ganzes Leben nur noch für mich da. Sie hat mich bei allem, was ich vorhatte, nach besten Kräften unterstützt – und auch gelenkt. Ich möchte sagen: Sie hat das, was ich von meinem Vater an Talent mitbekommen habe, in die richtigen Bahnen lenken können.

Wie war das in der Schule? Wurden Sie, weil sie aus sogenannten „zerrütteten Familienverhältnissen" kamen, zum Außenseiter?

Daran kann ich mich nicht erinnern. Die Schule, auf der ich war, war auch keine normale Schule. Als ich eingeschult wurde, war mein Vater ja noch bei uns, und wenn er auch mit Geld nicht umgehen konnte, hatte er doch den Größenwahn, mich zu den englischen Fräulein zu schicken. Das war eine Simultanschule mit Unterricht bis zum Abitur. Da habe ich sozusagen meine Grundausbildung bekommen, Klavierspielen inbegriffen – bei einer phantastischen Musiklehrerin, Schwester Friderike. Die muß wohl gespürt haben, daß ich musikalisch begabt war, drum hat sie mich nach Kräften gefördert. Bei ihr durfte ich auch meine ersten Gesangsversuche machen, früh um sechs bei der Morgenandacht in der Kapelle. Ich weiß noch, wie überrascht die Fräulein waren, als sie feststellten, daß ich schon lesen konnte. Das hatte ich bereits mit vier Jahren gelernt, von einem Straßenkehrer, der mir jeden Morgen, wenn er an meinem

Parterre-Fenster vorbeikam, aus der Zeitung vorlas und mir auch das Lesen beibrachte.

Nachdem meine Mutter und ich uns selbst überlassen waren, konnten wir uns diese Ausbildung bei den Englischen Fräulein natürlich nicht mehr leisten. Also bin ich nicht sehr lange zur Schule gegangen, alles in allem nur sieben oder acht Jahre. Danach hab ich gleich arbeiten müssen, zuerst als Lehrmädchen und später dann in allen möglichen Bürojobs. Das war meine Art von „Ausbildung". Und die hat, wie ich jetzt im Nachhinein feststelle, alles Wichtige in meinem Leben bestimmt, im Guten wie im Schlechten.

Jahre im Büro

Können Sie sich noch an Ihre ersten Eindrücke von Oper und Theater erinnern?

Das fällt mir nicht weiter schwer, denn in meiner ganzen Jugend war ich nur dreimal im Theater: Zwei Opern und eine Operette. Die Opern waren „Der Evangelimann" und „Rienzi". Beim „Rienzi" hat mich vor allem die Arie des Adriano begeistert, das war eine ganz hervorragende Sängerin, die mich ungeheuer beeindruckt hat. Beim „Evangelimann" war es natürlich dieses „Selig sind, die Verfolgung leiden" – das hab ich dann auch immer gesungen.

Und welche Operette hatten Sie gesehen?

Das Stück weiß ich nicht mehr, aber ich erinnere mich, daß es eine Aufführung mit dem in Nürnberg sehr beliebten Sänger-Ehepaar Mikorcy/Cody war. Immerhin muß mich die Aufführung so beeindruckt haben, daß ich von da an Operettensängerin werden wollte.

Aber es sollten Jahre vergehen, bevor Sie überhaupt einen Versuch unternommen haben. Warum sind Sie nicht früher zu irgendeinem Vorsingen gegangen? Aus Schüchternheit?

Ich muß immer wieder sagen: Wer diese Zeit nicht erlebt hat, macht sich keinen Begriff davon, wie der Alltag war. Diese ganzen Vorsingen und Wettbewerbe, wie sie heute bald in jeder Stadt stattfinden – so etwas gab's zu meiner Zeit gar nicht. Einfach zum Theater zu gehen und zu sagen: „Ich möchte hier vorsingen!" – das war für mich außerhalb jeder Diskussion. Immerhin, so weit hab ich's schon gebracht, daß meine Stimme aufgefallen ist und daß ich bei den „Kraft durch Freude"-Veranstaltungen was singen durfte.

Welche Erinnerungen haben Sie an die Anfänge der Nazi-Zeit?

Ich weiß nicht, ob wir das schreiben können. Doch um der Wahrheit die Ehre zu geben: Meine Mutter und ich, wir haben genauso wie alle anderen an den Hitler geglaubt. Wir haben dummerweise gedacht, durch ihn wird alles besser. Ich weiß noch, daß wir dem Hitler auch ein Sträußchen aufs Auto geworfen haben.
Als der Krieg begann, war ich 27. Doch ich war nicht entfernt so weit wie Menschen dieses Alters heute sind. Es klingt wie eine Ausrede, aber es ist einfach wahr: Mit Politik hab ich mich in dieser Zeit überhaupt nicht auseinandergesetzt. Die Arbeit, der Lebensunterhalt, meine Mutter, Freundschaften, Liebeskummer – das alles war viel wichtiger als die Frage nach der politischen Situation. Natürlich, als dann die Attacken gegen die Juden immer stärker wurden, da mußte man schon total verblödet sein, um das nicht zu merken. Aber das hat man verdrängt. Bis es einen selbst betroffen hat, als die ersten Bombenangriffe kamen. Da hat wohl jeder angefangen, nachzudenken. Aber immer erst, wenn das eigene Wohl bedroht ist!

Wie sah Ihr Büroalltag aus? Fortwährend an der Schreibmaschine?

Nein, tippen konnte ich gar nicht. Nur ein bißchen Steno. Das waren alles Jobs, für die man keine besondere Ausbildung brauchte. Zum Beispiel habe ich in einem kleinem Versandhaus die Preislisten geführt und bei der Katalog-Herstellung geholfen.

Und wie war das mit der Strumpf-Werbung?

Hatte ich Ihnen das erzählt? Ja, das war genau zu der Zeit. Und zwar gab es da eine Wäschefabrik, die für diese Preislisten-Firma gearbeitet hat. Und die brauchten zwei Modelle für ihre Strumpf-Werbung: Zwei Frauen im kurzen Rock, die stolz auf ihre Beine runterschauen. Das waren dann letzten Endes die Frau des Fotografen und ich.

Für eine Anzeige?

Für ein Plakat. Das war ganz groß auf der Litfaßsäule vor dem Nürnberger Bahnhof zu sehen.

Der letzte Job, den ich hatte, war in einem wunderschönen Stoffgeschäft. Der Besitzer hieß Rupp, und dieser Herr Rupp hatte hin und wieder seine Belegschaft zu diesen „Kraft durch Freude"-Veranstaltungen eingeladen. Da hab ich „Donau so blau" und solche Sachen singen dürfen. Und die Empfangsdame der Firma Rupp, die wohnte bei dem Oberspielleiter der Nürnberger Oper, dem Herrn Brückner. Das war der Vater vom Dirigenten Brückner-Rüggeberg.

Zu dem hat sie mich geschickt, ich habe ihm vorgesungen, und er hat gesagt: „Also, diese Stimme muß man unbedingt ausbilden!" Daraufhin hat er mich zu einer Lehrerin gebracht, sie hieß Henriette Klink-Schneider, und sie war meine einzige wirkliche Lehrerin. Lange war ich zwar nicht bei ihr, aber immerhin zweimal die Woche über ein dreiviertel Jahr. Parallel bin ich zum Konservatorium gegangen, wo ich auch Klavier belegt habe – was mir später sehr zustatten kam.

Beim Lernen des modernen Repertoires?

Überhaupt beim Lernen. Ich habe beim Singen immer vor dem inneren Auge die Noten gehabt, und das hat mir beim Studieren sehr geholfen. Ich bin eine optische Lernerin, keine akustische. Wenn ich auf der Bühne stehe und meine Erinnerung aktivieren muß, dann läuft bei mir nebenbei das Notenbild mit – das ist ungefähr so, wie wenn im Zuschauerraum die Übertitel mitlaufen.

Wie lange waren Sie am Konservatorium?

Gerade mal sechs Monate. Dann wurde das Gebäude bei einem Fliegerangriff total zerstört. Bald danach bin ich schon ins erste Engagement gegangen, nach Remscheid. Vorher hatte ich allerdings noch ein Vorsingen, das erste Vorsingen meines Lebens – und zwar an der Semperoper in Dresden. Ich weiß nicht mehr, wie das zustande kam, aber ich weiß noch, wie abenteuerlich die Zugfahrt war – es war ja mitten im Krieg. Der musikalische Leiter der Semperoper

„Meine erste Wagner-Szene, 1942 am Konservatorium. Die Erna Wölfel, die mich später nach Remscheid gebracht hat, als Elsa, und ich als Ortrud. Also, ich könnt brüllen, wenn ich das sehe. Dieses Gesicht, die Haltung. Und dann noch die Zöpfe!"

war damals Karl Elmendorff; ich seh ihn heute noch vor mir, das war so ein zackiger Militär-Typ. Diesem Herrn Elmendorff habe ich also die Arie der Magdalene aus dem „Evangelimann" vorgesungen, „O schöne Jugendtage". „Ja, schön", meinte er, „ich hätte da eine Stelle frei, aber als Spielalt." Darauf hab ich erwidert, daß ich mich eher im dramatischen Fach sehe, also als Carmen und Eboli. „Und außerdem", sagte ich, „bin ich sowieso nicht gut als Spielalt, denn so komisch bin ich gar nicht." Da guckt der mich von oben bis unten an und sagt zu mir: „Also, ich finde Sie saukomisch!"

Und dann?

Bin ich heimgefahren.

Aber ein Engagement in Dresden!

Nun ja, ich war schon immer ein eigensinniger Charakter.

Wie kam es dann zum Engagement nach Remscheid?

Da gab es am Konservatorium eine Mitschülerin, die Erna Wölfel; die hatte eine wunderschöne Stimme und war damals der große Stern am Konservatorium (übrigens lebt sie noch, wir telefonieren hin und wieder miteinander). Und Erna Wölfel bekam einen Vertrag als Sopran in Remscheid. Es dauerte nicht lange, da hat sie mir geschrieben: „Du mußt sofort zum Vorsingen kommen, die suchen hier einen Mezzosopran!"
Also bin ich nach Remscheid. Damals hätte ich alles dafür gemacht, ich wär auf einem Bein dorthin gelaufen! Beim Vorsingen ging alles sehr schnell. Noch nicht mal die halbe Arie hatte ich vorgesungen – und schon war ich engagiert!

Welche Arie war's?

Das weiß ich nimmer. Eboli, glaube ich. Aber an eines kann ich mich hundertprozentig erinnern: Nach dem Vorsingen war Remscheid für mich das schönste Theater der Welt. Ich seh mich heute noch, wie ich da in ein Café gegangen bin. Da hab ich mich an einem großen Schaufenster ganz vorn hingesetzt; draußen gingen die Leute vorbei, und ich habe gedacht: Jeder, der hier vorbeikommt, weiß, daß ich engagiert bin! Nie wieder habe ich solch ein Glückgefühl gehabt, nicht in Bayreuth und nicht an der Metropolitan. Wirklich!

Anfänge in Remscheid und Kriegsjahre

In allen Lexika steht, daß Ihre erste Bühnenrolle der Hänsel in Humperdincks Märchenoper war.

Das habe ich früher immer als erste Rolle angegeben – aber es stimmt nicht. Meine allererste Partie auf der Bühne war die Azucena in Verdis „Troubadour", im Herbst 1942. Die habe ich überhaupt nur dreimal gesungen, und leider habe ich nicht die besten Erinnerungen daran. Denn bei meinem Debüt habe ich mich derart heiser gesungen, daß ich nach der Vorstellung nicht mehr hab reden können. Aber das hat sich mit der Zeit dann gegeben. Als nächste Rolle kam, glaube ich, schon der Hänsel. Dann Mignon und Cherubin – und so ging das gerademal ein dreiviertel Jahr, dann wurde das Theater bei einem Fliegerangriff völlig zerstört. Etwa in derselben Zeit ist auch meine Mutter in Nürnberg total ausgebombt worden. Ich habe sie nach Remscheid geholt, und so haben wir wieder ganz von vorne angefangen, mit 350 Mark Gage. Aber das war immerhin mehr als das Gehalt vom Büro.
Nachdem das Theater kaputt war, spielten wir in verschiedenen Hallen, auch in einer Turnhalle. Eine von den Turnhallen-Aufführungen war ein modernes Werk, und in der Vorstellung war der damalige Intendant von Düsseldorf, Otto Krauß. Und der hat mir gleich nach der Aufführung für Düsseldorf ein Engagement angeboten. Da war ich zum Glück einmal helle und habe gleich gesagt: „Aber bitte nur als erste dramatische Mezzosopranistin!" Das hat er in den Vertrag geschrieben, und wie sich später zeigen sollte, war das auch gut so.

Dann „Totaler Krieg". Wie ging es für Sie weiter, als alle Theater geschlossen waren?

Wie so viele andere mußte ich in eine Munitionsfabrik. Und ich weiß noch: Wie ich zum Amt gekommen bin, hat die meinen Paß genommen, hat ihn abgestempelt und gesagt: „Gott sei Dank, daß die Faulenzer jetzt auch arbeiten müssen!"

Die Fabrik war das Alexanderwerk, ein riesiges Unternehmen, das im Krieg ganz auf Herstellung von Munition umgestellt worden war. Aus diesem Unternehmen stammte der Regisseur Paul Hager. Das war mein ältester Fan; damals war er noch Gymnasiast. Ich seh ihn heut noch, wie er da mit seiner Schulmütze am Bühneneingang steht. Später habe ich oft mit ihm gearbeitet, und ich war leider auch dabei, als er starb; das war an die 40 Jahre später, bei einer „Pique Dame"-Probe in Dortmund. Er nahm mich bei der Hand, fing an, etwas merkwürdig zu reden, und fiel dann plötzlich um. In letzter Zeit muß ich öfters daran denken, denn immerhin bin ich jetzt in einem Alter, wo mir dasselbe passieren kann. Und diese Vorstellung finde ich grauenhaft – nicht wegen mir, sondern wegen der anderen!

1942 in Remscheid: Martha Mödl und Erna Wölfel in „Hänsel und Gretel"

Obwohl Sie vor Jahren in einem Interview gesagt haben: „Ich glaube, ich möchte auf der Bühne einmal tot umfallen."

Wann hab ich das gesagt?

Das war Anfang der 80er Jahre.

Ach ja, da war ich Ende 60, Anfang 70 – da sagt man solche Sachen noch daher. Heute denke ich jedenfalls anders darüber.

Zurück zum Alexanderwerk: Wie sah Ihr Alltag dort aus?

Ich mußte Zünder für Granaten herstellen. Und schon am zweiten Tag hab ich gesagt: „Wenn ich Granaten drehe, ist der Krieg bald aus, denn meine Granaten gehen nicht los."
Aber es war gar nicht so lustig: An den Wänden war scharfe Munition gestapelt, bis oben hinauf – da hätte nur ein Treffer kommen müssen, dann wäre ganz Remscheid in die Luft geflogen.
Die Tiefflieger sind sehr oft gekommen; wenn die anderen schon längst im Luftschutzkeller waren, haben wir immer noch arbeiten müssen. Wie es einem in solchen Momenten geht, kann man kaum beschreiben. Ich glaube, wenn noch es noch einmal einen Krieg geben würde, wäre ich die erste, die nach draußen läuft und sich von einer Bombe zerreißen läßt. Lieber das als diese Angst!
Dann gab es in dem Werk eine Lagerleiterin, das war ein furchtbares Nazi-Weib, die hat die Leute behandelt wie den letzten Dreck. Vor allem die russischen Kriegsgefangenen! Das waren Familien, mit Frauen und mit ganz kleinen Kindern, die haben alle furchtbar hart arbeiten müssen und kaum was Gescheites zu essen bekommen. Denn die Rationen, die diesen Familien zugestanden hätten, hat sich die Lagerleiterin zur Seite gelegt, und stattdessen hat sie ihnen die Abfälle und halb verdorbenes Zeug gegeben. Also haben wir dann immer Brotstücke in die Abfallkörbe hineingelegt, damit sie wenigstens etwas Eßbares hatten. Es war eine furchtbare Zeit, die mir endlos vorkam, obwohl es nur vier Monate waren.

Wie erlebten Sie das Ende des Krieges?

Wie die meisten Menschen – im Luftschutzkeller. Ich bin dreimal ausgebombt worden, einmal in Nürnberg, zweimal in Remscheid. Wer so etwas nicht erlebt hat, macht sich keinen Begriff davon, was es heißt, immer wieder von vorn anzufangen. Dann ist meine Mutter auch noch schwer krank geworden, von der ganzen Aufregung. Zum Glück bin ich gesund geblieben, und trotz allem habe ich immer noch gesungen, bei Feiern und Hochzeiten. Ganz zum Schluß, das weiß ich noch genau, habe ich bei einer Hochzeit in der Kirche gesungen. Und wie ich gerade anfange zu singen, sehe ich hinter der Säule den ältesten Sohn der russischen Arbeiterin, mit der ich mich besonders gut verstand; er muß damals ungefähr 15, 16 Jahre alt gewesen sein. Als er gehört hatte, daß ich bei der Hochzeit singen werde, hat er sich schnell in die Kirche geschlichen – und strahlte über das ganze Gesicht, als ich sang. Das war später mein Glück. Denn in dieser Zeit, wo alle Frauen Freiwild waren, mußte man ja ungeheuer aufpassen, sobald man auf die Straße ging. Eines Tages bin ich unterwegs, und da kommt auf mich eine Gruppe von Russen zu. „Jetzt bist dran", hab ich mir gedacht. Aber Gott sei Dank waren es „meine" Russen, und die haben mir einen Laib Brot geschenkt. Das sind die Augenblicke, die man nie vergißt.

Nachkriegszeit:
Düsseldorf, Hamburg, London, Berlin

Remscheid 1945: Alles liegt in Schutt und Asche, keine Bahn fährt, kein Auto – und Martha Mödl, die ja einen Vertrag mit Düsseldorf in der Tasche hat, macht sich auf den Weg, zu Fuß über die Müngstener Brücke …

Das ist auch so ein Moment! Ich hab nicht gewußt, ob die Brücke noch heil ist – und bin trotzdem drüber. Und die ist ziemlich hoch, jedenfalls war es damals das höchste Eisenbahnviadukt in Deutschland, an der höchsten Stelle 107 Meter!

50 Jahre später sind Sie dann wieder auf der Brücke gestanden, für den Film von Werner Schroeter.

Und was hab ich mich geärgert, daß ich mich dazu hab breitschlagen lassen! So blöd ist nur die Mödl! Nichts gegen den Film: Er ist wohl sehr gut geworden, und nach dem, was ich gehört habe, hat er auch gute Kritiken bekommen – aber dieses Herumstolpern auf der Brücke, das hätte ich mir ersparen können, wirklich! Erstmal in meinem Alter, und dann noch nachts um zwei! Vorher ging es nicht, weil bis halb zwei die S-Bahn über die Brücke fährt. Dann gab es da keinen Weg mehr auf der Brücke, sondern nur noch Bahnschwellen. Und ich mußte also von einer Schwelle zur andern – und hab fortwährend vor mich hingeschimpft! Das Licht von den Scheinwerfern war äußerst schwach, ich hab kaum was gesehen und mußte dauernd Obacht geben, daß ich nicht hinfalle. Und wie sich später herausstellte, war die ganze Aktion umsonst – weil die Beleuchtung zu schwach war!

1945 hatte sich die Brücken-Szene tagsüber abgespielt. Sie sind also heil herübergekommen, sind dann weiter nach Solingen –

– zum Bahnhof, wo gerade ein Teil des Gebäudes eingestürzt war, über 100 Menschen sind dort zerdrückt worden. Aber sehen Sie, so abgestumpft war man damals: Ich hab das nur registriert und bin sofort weiter! Irgendwie bin ich dann nach Düsseldorf gekommen und bin sofort zur Oper, die größtenteils zerstört war. In dem Teil, der noch heil geblieben war, traf ich auf einen liebenswürdigen Herren, der sich als Intendant vorstellte. Ich hab ihm den Vertrag hingelegt und habe gefragt: „Ich möchte gerne wissen, ob der gilt!" Der Vertrag hatte nämlich oben ein dickes Hakenkreuz. Und der Herr sagte ganz freundlich: „Ja natürlich gilt der!" Das war Wolfgang Langhoff, der das Düsseldorfer Theater die nächsten zwei Spielzeiten geleitet hat. Und der war wirklich ein Gentleman, ein Herr!

Das alte Düsseldorfer Theater lag 1945 in Schutt und Asche – wie wurde der Spielbetrieb wieder aufgenommen?

Wir hatten das große Glück, daß in Düsseldorf Major Lamberth stationiert war, der war ein richtiger Theaternarr. Er hat uns sofort eine Spielstätte geschaffen und hat alles dafür getan, daß wir spielen konnten. Überhaupt waren unsere „Besatzer" sehr nett zu uns; einer von Lamberths Offizieren schreibt mir heute noch, immer zum Geburtstag und zu Weihnachten.

Die Müngstener Brücke

Die vielbeschriebene „Stunde Null", den Neuanfang nach dem Zusammenbruch des „Dritten Reichs": meine Generation kennt diese Zeit nur aus Wochenschauen und von Geschichtsbüchern – und hat wahrscheinlich eine reichlich klischeehafte Vorstellung davon, wie die Menschen damals ihre Situation empfunden haben. Wie war das bei Ihnen, Frau Mödl?

Daß wir den Krieg überlebt hatten, daß wir wieder spielen durften – das war für uns wie ein neues Leben. Am Theater war ein solcher Enthusiasmus und eine solche Produktivität, wie man sie sich in späteren Wohlstandszeiten gar nimmer hat vorstellen können.

Denken Sie, daß die künstlerische Produktivität in Wohlstandszeiten nachläßt?

Das ist meine Erfahrung, ja. Wenn der Mensch satt und zufrieden ist, dann produziert er nicht mehr so viel. Ich will damit nicht sagen, daß man, um kreativ zu sein, solche Zeiten erleben muß wie wir – aber wenn man total satt ist oder sogar übersättigt, dann hat man auch irgendwann nicht mehr diesen Hunger auf Kunst und Theater. Und der ist für meine Begriffe der Motor für alle künstlerische Produktivität. Dieser Drang zum Theater, dieses Muß – das gehört unbedingt mit dazu, ob in guten oder in schlechten Zeiten. Nur ist es in Wohlstandszeiten viel schwerer zu erreichen, da können die Menschen gar nichts dazu. Weil kein „Muß" dahintersteht.
Dieser Spruch „Not macht erfinderisch" – was der bedeutet, das konnte man in diesen Nachkriegsjahren jeden Tag erleben. Es war ein einziger Zustand von Improvisation. Wenn ich nur daran denke, wie wir uns unsere Lebensmittel organisiert haben. Wir Sänger wurden manchmal von den britischen Generälen eingeladen, und bei diesen Parties durften wir uns satt essen – aber nichts mitnehmen, das war bei Strafe verboten! Also haben wir gewartet, bis die Generäle blau waren, und dann haben wir abgeräumt. Ohne eine Spur von schlechtem Gewissen. Eine Szene werde ich nie vergessen: Neben mir saß ein schmucker, gutaussehender General, rechts von mir stand der Kaffee. Der General war schon ziemlich benebelt, ich hab mit ihm geflirtet und währenddessen hab ich den Kaffee in meine Thermoskanne gefüllt – mit ganz ruhiger Hand.

Wie kam es, daß Wolfgang Langhoff schon nach einer Spielzeit Düsseldorf wieder verließ?

Ich weiß nur, daß er zurück zum Berliner Schauspiel wollte. Und das war sein Unglück. Denn er ist dort ganz mies behandelt worden, und daran ist er letzten Endes zugrundegegangen.

Langhoffs Nachfolger war Gustaf Gründgens, der in Düsseldorf ein Schauspielensemble versammelte, das heute fast so legendären Ruf genießt wie das Nachkriegs-Ensemble der Wiener Oper.

Ja, das war ein ganz großartiges Team. Die Flickenschildt war da, Marianne Hoppe, Paul Hartmann, der junge Heinz Drache …

Zwar galt seine große Liebe der Oper – wie man weiß, hätte Gründgens liebend gerne auch eine Gesangsstimme gehabt – aber auf diesem Gebiet hielt er sich in Düsseldorf sehr zurück.

Einfach deshalb, weil er als Schauspielregisseur und Intendant voll ausgelastet war; für die Oper blieb ihm nicht viel Zeit. Außerdem war da ein ganz hervorragender Regisseur: Wolf Völker. Mit ihm hab ich fast alle meine Partien in Düsseldorf erarbeitet – und auch meine ersten Rollen in Berlin: Kundry und Lady Macbeth. Mit Gründgens habe ich immerhin einen „Figaro" machen dürfen, da war ich der Cherubin.

Und wie war seine Inszenierung?

Er hat das Stück wohl mit einem ganz guten Gespür für die Musik inszeniert, aber doch viel mehr nach Beaumarchais als nach Mozart. Eigentlich verstand er gar nicht viel von Musik, aber er hatte ein solches Gefühl für Bewegung und Ausdruck, daß ihm auch das Musikalische einging. Und er war sehr unterhaltsam. Es war heiter und lustig mit ihm. Und im Gegensatz zu vielen anderen großen Regisseuren war er wunderbar, wenn er etwas vorspielte.

Ihr erster Auftritt in Düsseldorf war ebenfalls in einer Mozart-Oper: Dorabella in „Così fan tutte". Mochten Sie die Partie?

Nein, bis heut mag ich sie nicht! Zu dieser Rolle habe ich einfach keine Beziehung bekommen; jedenfalls hat mir der Cherubin viel, viel besser gelegen.

Die nächste Rolle dürfte für Sie schon etwas dankbarer gewesen sein: Niklaus in „Hoffmanns Erzählungen". Und danach kam schon gleich die Carmen.

Die mußte ich mir aber erst erkämpfen. Denn eigentlich hätte es die Altistin Marie-Luise Schilp singen sollen. Nun hatte ich aber in meinem Vertrag stehen: „Erste dramatische Mezzosopranistin" – drum ist die Carmen an mich gegangen.

Die Carmen war auch Ihr „Sprungbrett" für Hamburg – und später für London.

Und durch sie wurde ich eine der reichsten Frauen Deutschlands – immerhin für ein paar Stunden. Das war die Nacht der Währungsreform. Am Abend hatte ich die Carmen gesungen und hatte dafür noch in derselben Nacht meine Gage bekommen – 800 Mark. Dafür gab's vor der Währungsreform auf dem Schwarzmarkt gerade mal eine Tüte Kaffee. Und jetzt konnte ich mir davon gleich Kleider und Schuhe kaufen! Also bin ich am nächsten Morgen als erstes zum Kaufhof – und kriegte solche Augen, als ich zur Tür hereinkam: Über Nacht hatten die sämtliche Regale gefüllt; am Tag zuvor war rein gar nichts dagewesen, und jetzt gab es ALLES! Als erstes hab ich mir ein schickes Kleid gegönnt. Für 400 Mark. Und ich war so schlank damals! 98 Pfund hab ich gewogen.

Im gleichen Jahr, 1948, traten Sie in Düsseldorf mit zwei großen Strauss-Partien hervor: Komponist und Klytämnestra.

Der Komponist wird gut gewesen sein, denke ich. Aber als Klytämnestra war ich viel zu jung. Und neben mir Erna Schlüter als Elektra: Eine wunderbare Sängerin mit einem ausdrucksvollen Gesicht, aber

Als Cherubin, Düsseldorf 1946 (Regie: Gustaf Gründgens)

Als Marie in der ersten „Wozzeck“-Aufführung nach dem Krieg, Düsseldorf 1947

mit einem erdrückenden Gewicht. Als Zuschauer hatte man das sofort vergessen, sobald sie anfing zu singen. Aber neben ihr als Partnerin – da war ich wahrscheinlich gar nicht vorhanden. Nein, die Klytämnestra kam zu diesem Stadium meiner Laufbahn eindeutig zu früh.

Carmen, Azucena, Cherubin, Wozzeck-Marie, Octavian, Eboli, Komponist, Marina in „Boris Godunow" – laut Zeitzeugen war das eine einzige Erfolgs-Serie. Martha Mödl war die erste Primadonna der Düsseldorfer Oper nach dem Krieg.

Nein, eine Primadonna war ich nie, wirklich nicht! Aber daß es große Erfolge waren, das darf ich schon sagen. Sehen Sie, das war die Zeit, wo mir fast alles geglückt ist. Wie so viele Menschen in der Nachkriegszeit bin auch ich einmal zu einem Wahrsager gegangen, und der hatte mir damals prophezeit: „Und wenn Sie sich für die nächsten zehn Jahre ins Bett legen und gar nichts tun – es geht immer bergauf." Und so war's auch.

Aber er hat Ihnen nicht vorausgesagt, daß Sie noch in fünfzig Jahren in Düsseldorf auftreten werden?

Mein Gott, wer hätte das geglaubt, daß ich so lange am Theater sein werde! Und daran hat Düsseldorf einen ganz großen Anteil. Genauer gesagt Kurt Horres, der in meinen letzten Jahren eine große Rolle gespielt hat. Ihm hab ich so vieles zu verdanken, eben auch, daß ich noch so oft nach Düsseldorf kommen durfte. Erst mit „Bluthochzeit" (die er ja selbst inszeniert hat), dann mit „Anatevka" (die spielen wir jetzt im zehnten Jahr!) und schließlich mit meiner letzten Urauffüh-rung, der „Gervaise Marcquart" von Giselher Klebe.

Da schließt sich der große Kreis auf ähnlich glückliche Weise wie im Fall Wien.

Das stimmt, ja. Wien ist über all die Jahre ein Stück Heimat für mich geblieben, und genauso ist es auch mit Düsseldorf. Wann immer ich dort bin, wohne ich im Breitenbacher Hof, seit etlichen Jahren schon. Das ist mein zweites Zuhause, so wohl fühle ich mich dort.

Zurück zu den Anfängen: 1948 holte Günther Rennert Sie an die Hamburgische Staatsoper, und für die nächsten Jahre verbrachten Sie einen Teil Ihrer Freizeit im Zug: Ständiges Pendeln zwischen Düsseldorf und Hamburg.

Und das war in der Zeit weiß Gott kein Vergnügen. Die Fahrt dauerte damals acht Stunden, und die Züge waren derart überfüllt, daß man manchmal die ganze Zeit im Gang stehen mußte.

Und die Verhältnisse an der Hamburgischen Oper?

Die waren ähnlich improvisiert wie anfangs in Düsseldorf. Die Opernaufführungen fanden meistens im Schauspielhaus statt, manchmal auch in der Ruine der alten Oper. Dort diente die Hinterbühne als Spielstätte und die Vorderbühne als Zuschauerraum. Rennert hat dort zum Beispiel die „Meistersinger" inszeniert, oder vielmehr auf geniale Weise improvisiert: Mit einer einzigen Ansicht von Nürnberg, die aber in ihrer perspektivischen Wirkung für damalige Verhältnisse sehr modern war.

Kann man sagen, daß Günther Rennert neben Wieland Wagner *der* Regisseur in Ihrem Leben war?

Unbedingt, ja! Das war einer von den ganz Großen, und er hat mich ähnlich geprägt wie Wieland Wagner. Ich hatte ja das Glück, über Jahrzehnte hindurch mit ihm zu arbeiten. Erst in Hamburg, dann in Stuttgart und später in München. Alles, was er sagte, erschien so logisch, so selbstverständlich, daß man gar nicht gefragt hat „Warum so und nicht anders?". Er hatte zu jedem Stück ein ganz klares Konzept, und das hat er von Anfang bis Ende durchgezogen, das war wie ein roter Faden. Und dabei war er doch so flexibel, daß es einem so vorkam, als hätte er für jeden Sänger maßgeschneidert. In Hamburg habe ich ja fast alles mit ihm gemacht: Zuerst „Carmen", dann „Rosenkavalier" und „Così fan tutte", Menottis „Konsul", meinen ersten „Fidelio", „Don Carlos", „Macbeth", „Oedipus Rex" und den ganzen „Ring".

Die erste „Fidelio"-Leonore: Hamburg 1950

Zu einer Szene von Rennerts „Ring"-Inszenierung schreibt Rolf Liebermann in seinen Memoiren: „Rennert, der feine Psychologe, der sensibelste der Regisseure. Ich war bei einer erschütternden Probe des dritten ,Walküre'-Aktes mit Martha Mödl und Hans Hotter dabei. Um die Vater-Tochter-Beziehung zwischen Wotan und Brünnhilde bis ins Tiefste auszuloten, hatte er eine derartige Atmosphäre von Zartheit und erotischer Spannung geschaffen, daß alle Anwesenden bei Wotans Abschied nasse Augen bekamen. Der inzestuöse Charakter dieser Liebe zwischen ihm und seinem ,kühnen, herrlichen Kind' wurde in den letzten dreißig Minuten jedem klar, und zugleich stockte einem der Atem vor der unbeschreiblichen Schönheit der Szene."

Schöner kann man's nicht beschreiben. Nur eines möchte ich dazu noch sagen: Diese Sensibilität von Rennert, die hat sich nicht nur auf den Text bezogen, sondern mindestens genauso auf die Musik. Und das unterscheidet ihn – wie auch Wieland Wagner – von so vielen Regisseuren, die nach ihm kamen.

Außerdem hatte Rennert offenbar einen guten Instinkt für Sänger; neben Martha Mödl sangen damals in Hamburg: Josef Metternich, Anneliese Rothenberger, Clara Ebers, Lisa Della Casa, Gottlob Frick, Erna Schlüter, Peter Anders –

– und der junge Rudolf Schock, das war mein Don José. Na, das war ein Sänger! Wenn man so jemanden heute bloß hätte!

Mit ihm haben Sie ein paar Aufnahmen für den Rundfunk gemacht: „Macht des Schicksals", „Hoffmanns Erzählungen" und – für mich am schönsten – die Szene Marina-Dimitri aus „Boris Godunow".

Damals war ich sehr oft im Rundfunk. Und wenn ich heute bei Freunden etwas vorgespielt bekomme, bin ich oft erstaunt, was ich alles aufgenommen habe. An das Meiste kann ich mich gar nicht mehr erinnern. Und ich bin auch nicht immer entzückt, wenn ich diese alten Aufnahmen höre. Aber dieses Duett aus dem „Boris", das gefällt sogar mir.

Marina, Eboli, Carmen, Giulietta – manchmal hat man den Eindruck, daß die Mödl damals die erste Besetzung für das Fach der Verführerin war. Nicht nur in puncto Figur, auch von der Stimme haben Sie sich deutlich von den Mezzosopranistinnen und Altistinnen der furchtbar prüden Adenauer-Zeit unterschieden, die meist etwas mütterlich oder hausbacken geklungen haben.

Das haben Sie gesagt; ich selbst kann mich nur so weit dazu äußern, daß man in mir offenbar einen bestimmten Typ gesehen hat. Aber ein Vamp war ich nie, ganz sicher nicht.

Aber denken Sie nicht, daß es diese Sinnlichkeit – im Klang der Stimme wie in der Ausstrahlung – ein wesentlicher Anteil Ihrer Kunst war?

Ich weiß nicht. Für „sinnlich" hätte ich gern ein anderes Wort, aber mir fällt keins ein. Ich weiß nur, daß das, was Sie „Sinnlichkeit" nennen, bei mir erst angefangen hat, wenn ich in eine Rolle geschlüpft bin. Privat hatte ich diese Ausstrahlung nicht. Die Ljuba Welitsch, die hatte das! Die war nicht auf der Bühne, sondern auch privat eine erotische Person.

Sie begegneten sich erstmals 1948 in London: Die Welitsch als Salome und Martha Mödl als Carmen.

Mein Gott, diese „Salome"-Inszenierung! Die war für damalige Verhältnisse supermodern. Peter Brook war der Regisseur, und die Ausstattung stammte von Salvador Dali. Und was hat der sich alles einfallen lassen! Zum Beispiel hat die Herodias so kleine Düsen an ihrem Busen gehabt, und auf Knopfdruck sind dort Stichflammen rausgeschossen.

Und wie war Ihre „Carmen"-Aufführung?

Eher traditionell. Und auf englisch gesungen! Bis auf das Schmuggler-Quintett, das hat jeder in seiner Sprache gesungen, also auf holländisch, englisch, spanisch, französisch und deutsch – so hat sich jeder in seiner Sprache hindurchgeschmuggelt. Ich weiß noch, daß ich mir für die Karten-Arie so Pappdeckel ausgeschnitten hab, darauf

„Carmen" mit Mario del Monaco, Stuttgart 1957

hab ich mir den Text notiert. Und anscheinend hab ich mich derart auf den Text konzentriert, daß ich während einer Vorstellung gar nicht mitbekommen habe, daß man nach der Pause den Tenor ausgewechselt hatte!

Sie waren eine der ersten deutschen Sängerinnen, die nach dem Krieg an der Covent Garden Opera aufgetreten ist. War zu dieser Zeit die Stimmung noch sehr feindselig?

Merkwürdigerweise habe ich von einer Deutschenfeindlichkeit gar nichts gemerkt. Ich war bei einer jüdischen Familie untergebracht, und die haben mich wie ein Kind aufgenommen. Wenn ich daran zurückdenke, frage ich mich heute oft: Wäre ich, wenn ich Jüdin gewesen wäre, nach dem Krieg genauso freundlich zu einem Deutschen gewesen? Ich weiß es nicht.

Noch ein wichtiger Schritt in Ihrer Laufbahn fand 1948 statt: Ihr Debüt als Octavian an der Berliner Staatsoper – die damals im Admiralspalast spielte.

Das war eine Art „Gastspiel" auf Engagement. Keilberth dirigierte, und mehr weiß ich schon nicht mehr.

In Berlin sangen Sie auch die Kundry und die Lady Macbeth, beide im Jahr 1950. Könnte man sagen, das waren die ersten Schritte in Richtung „hochdramatisches Fach"?

Eigentlich nicht, denn sowohl die Kundry wie die Lady Macbeth rangierten zu dieser Zeit eindeutig unter Mezzosopran. Die letzte Sängerin, die in Berlin die Lady Macbeth gesungen hatte, war eine dramatische Altistin: Sigrid Onegin.

Von der Berliner „Macbeth"-Aufführung gibt es inzwischen einen Mitschnitt.

Den habe ich vor kurzem gehört – und war glücklich. Vor allem wegen Josef Metternich als Macbeth. Das war ein ganz großartiger Sänger und ein lieber Kollege. Und die Stimme! Vielleicht sollte ich

Berlin 1950: Debüts als Lady Macbeth

... und Kundry

das nicht laut sagen, aber bei vielen italienischen Opern höre ich Metternich heut noch lieber als die meisten italienischen Baritone.

Was mir bei Ihrer Lady wieder einmal auffällt: Daß Ihre ungeheuer plastische Artikulation nicht auf Kosten der Gesangslinie geht. Zum Beispiel klingen die Konsonanten /m/ und /n/ bei Ihnen fast wie Vokale. Und dann gibt es zwei wunderbare Beispiele für dieses „Im Sprechen singen, und im Singen sprechen": Das Duett im ersten Akt und die Nachtwandelszene.
Außerdem finde ich Keilberth viel spannender als so manchen Star-Dirigenten, der den „Macbeth" dirigiert hat.

Man sagt immer, daß Keilberth ein idealer „Sänger-Begleiter" gewesen ist. Das stimmt schon, aber er war für meine Begriffe weit mehr als das. Wie er zum Beispiel im Orchester Steigerungen aufgebaut hat, wie er ein Tempo anziehen oder abbremsen konnte, das war einfach großartig.

Sowohl beim „Macbeth" wie beim „Parsifal" war wieder Wolf Völker der Regisseur. In welche Richtung gingen seine Inszenierungen?

Völker war sicher nicht radikal modern oder revolutionär, aber er ist mit der Zeit gegangen. Und seine „Parsifal"-Inszenierung war in ihrer Art schon sehr fortschrittlich. Auch, was die Ausstattung betraf. Als Kundry trug ich eine riesige Flammenkrone im zweiten Akt, das sah schon fast surrealistisch aus.

Kann man sagen, daß diese Aufführung eine Art „Test" für Ihre Kundry in Bayreuth war?

Ja, im Nachhinein. Denn damals wußte ich noch gar nichts von Bayreuth. Aber es war gut, daß ich die Kundry vor Bayreuth schon in zwei Produktionen gesungen hatte – erst in Berlin und ein Jahr später an der Mailänder Scala. Das war meine erste Begegnung mit Furtwängler – und sozusagen die Feuerprobe für mein Debüt in Bayreuth.

Bayreuth 1951 und Wieland Wagner

Das Jahr 1951 markiert den Wendepunkt in Ihrer Laufbahn: Bayreuth-Debüt als Kundry bei den ersten Festspielen nach dem Krieg, zugleich die erste Zusammenarbeit mit Wieland Wagner und der allmähliche Übergang vom dramatischen Mezzo zum hochdramatischen Sopran. Und das alles ausgelöst durch eine „Tannhäuser"-Vorstellung in Hamburg, bei der Sie gar nicht gut disponiert waren …

Na, da war ich so schlecht disponiert wie irgend selten. Jeder weiß, daß die Venus eine ganz furchtbare Partie ist, egal, ob in der Dresdner oder in der Pariser Fassung. Also, diese Rolle hat mir weiß Gott kein Vergnügen bereitet!
In einer der Vorstellungen war Wieland Wagner, und natürlich war uns klar, daß er nach Sängern für die Wiedereröffnung der Bayreuther Festspiele suchte. Also hab ich mir natürlich Mühe gegeben, besonders schön zu singen. Es gelang mir aber nicht, im Gegenteil, es wurde immer schlimmer. Und zu allem Überfluß habe ich in der Pause auch noch eine heiße Zitrone getrunken, und die hat mir den Hals dann ganz zugemacht.
Aber mit Wieland war es so: Er hat, trotzdem ich so schlecht bei Stimme war, gehört und gespürt, daß ich etwas für seine Inszenierungen in Bayreuth sein könnte.
Und er hat mich dann zum Vorsingen nach Bayreuth eingeladen. Ich bin dort hingefahren, mitten im Winter, es war eiskalt. Und die hatten in Bayreuth doch noch keine Heizung! Also bin ich in diesem eiskalten Raum gestanden, nachts um elf, habe die Kundry gesungen – und hab das Gefühl gehabt: Ich singe das zum ersten Mal in meinem Leben. Aber er hat mich engagiert. Warum, weiß ich auch nicht.

Ich denke, wegen Ihres Aussehens.

(lacht). Ja, das hat wohl den Ausschlag gegeben. Später hat er mir erzählt, daß er mein Hamburger Portrait-Foto genau studiert hat, das war sozusagen seine Vorlage für die Kundry.

Damit konnte ich mich anfangs überhaupt nicht anfreunden, denn ich fand, daß mein Katzenkopf auf keinen Fall zu den Wagner-Heroinen paßt. Aber er war da ganz anderer Meinung, er wollte eben weg von diesem gängigen Sänger-Typus. Er wollte ja bewußt mit der Tradition brechen, wollte keine Heroen und Heroinen, sondern Menschen auf der Bühne haben. Und aus dieser Haltung hat sich alles Darstellerische bei ihm ergeben: Weg von den großen Gesten, vom Plakativen – und hin zum Menschlichen. Das bedeutete immer wieder Eines: Reduzierung auf das Wesentliche. Und dafür brauchte er vor allem ein junges Ensemble, das von der Tradition noch nicht so geprägt war – und das auch rein äußerlich nicht der Tradition entsprach.

Und im deutlichen Kontrast dazu gab's beim „Parsifal" einen Dirigenten, der die alte Tradition hochhielt: Hans Knappertsbusch.

Knappertsbusch war ein Riese, der hatte Arme wie Mühlenflügel, und wenn er aufstand und die Arme ausgebreitet hat, dann kam im Orchester ein endloses Crescendo, das war unvorstellbar!

Wie kamen Sie mit seinen breiten Tempi zurecht?

Gut, weil es nicht einfach nur langsam war, sondern immer erfüllt im Ausdruck. Und es ist eine Kunst, das Orchester so im Tempo zu halten. Viele Dirigenten von heute, die so schnell sind, sind deshalb schnell, weil sie das Orchester nicht aufhalten können – es rennt ihnen weg.

Zwei Jahre nach Knappertsbusch hat Clemens Krauss den „Parsifal" dirigiert, und der war bedeutend schneller.

Und das war eben sein Tempo. Er hat's schneller genommen weil er es so *wollte* – und nicht, weil er's nicht anders konnte.

Hatten Sie zu Knappertsbusch irgendeine persönliche Verbindung?

Portrait während der Hamburger Zeit

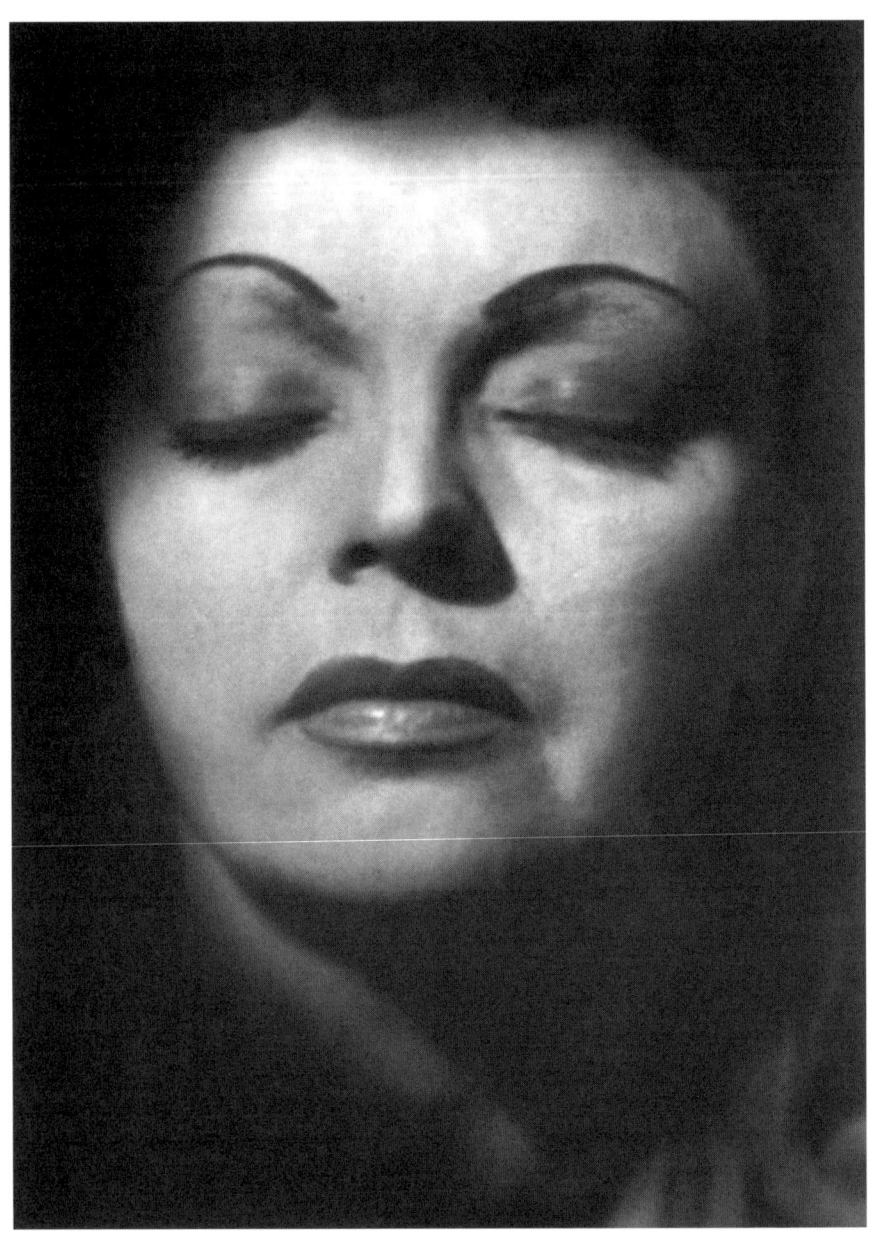

Bayreuth 1951: Martha Mödl als Kundry, photographiert von Wieland Wagner

Nicht im geringsten. Ich kannte ihn nur von der Arbeit her und habe, glaube ich, in all den Jahren kein privates Wort mit ihm gesprochen. Ich hab auch lange Zeit gar nicht gewußt, ob er mich schätzt oder nicht.

Immerhin gibt es da ein Foto von ihm mit der Widmung „Meiner herrlichen Kundry!" Ich kann mir nicht vorstellen, daß er jeder Sängerin solche Widmungen geschrieben hat.

So was mochte er eigentlich gar nicht, auch keine Autogramme, selbst vor den Vorhang ist er nicht gerne gekommen. Also schön, dann darf ich mir was drauf einbilden!

Erinnern Sie sich noch, wie Sie sich bei Ihrem Bayreuth-Debüt gefühlt haben?

Ich war absolut unbekümmert, hatte keine Angst, keine Skrupel, keine Bedenken, sondern nur ein Glücksgefühl. Und das hat sich über die nächsten fünf, sechs Jahre gehalten. Und ich weiß noch, wie glücklich ich war, daß ich mich mit Wieland künstlerisch so gut verstanden habe.

Zu Wielands Inszenierung schreibt Dieter David Scholz in seinem Wagner-Buch „Ein deutsches Mißverständnis": „Der ‚Parsifal' von 1951 war der Anfang einer szenischen Revolution der Wagnerbühne, die Wieland Wagner initiierte, vielleicht die folgenreichste der Wagner-Inszenierungsgeschichte nach den abstrakten Vorstößen Adolphe Appias in den zwanziger Jahren".
War diese „Revolution" Ihnen, den Beteiligten dieser Arbeit, damals bewußt?

Welche Revolution dieser Neubeginn auslösen würde, das konnte man damals nur ahnen. Aber daß es etwas Neues und Bahnbrechendes war und daß es die Alt-Wagnerianer stören würde – das war uns damals sehr wohl bewußt. Denn so jung wir auch waren, so sehr hatte doch jeder von uns schon seine Erfahrung mit der alten Inszenierungs-Tradition. Zum Beispiel hatte ich ja zuvor die Kundry an der Scala gesungen, unter Furtwängler, und das war eine Inszenierung mit Pappkulissen und vielen Blümchen. Solchen Firlefanz gab es beim

Wieland nicht, überhaupt kein überflüssiges Brimborium! Sondern eine fast leere Scheibe.

Die vielleicht auch aus Geldmangel leer blieb: Viele meinten damals, eine Dekoration sei entweder zu teuer – oder sie werde in der letzten Probenwoche noch angeliefert.

Bittschön, ob aus Not geboren oder nicht – eines weiß ich hundertprozentig: Daß ich später keinen Regisseur mehr erlebt hab, der mit so wenig Mitteln so viel bewirkt hat. Allein wie der Wieland mit Licht gearbeitet hat!

Manche sagen, er hätte Wagner nicht inszeniert, sondern illuminiert.

Eine ganz großartige Licht-Dramaturgie war das! Und dann dieser herrliche Einfall mit dem Spinnennetz: Klingsor wie eine große Spinne, Kundry unten zu seinen Füßen, gefangen in einem riesigen Netz. Das hat Wieland allein mit Beleuchtung geschafft, dazu brauchte er keine Requisiten. Oder die Aue: Das Fußwaschen und -salben wurde nur angedeutet, ansonsten war die ganze Szene ein einziges Bild der Verinnerlichung. Das war überhaupt das Besondere an seinen Inszenierungen: Zum Innersten des Stückes, der Figuren und der Musik vorzudringen, ohne draufzudrücken. Falsches Pathos war ihm zuwider. Aber die Echtheit des Gefühls, die wollte er unbedingt (im Gegensatz zu vielen Regisseuren heute). Nur immer mit Überhöhung, mit Transzendenz.

Über die bahnbrechende Arbeit von Wieland gibt es einige Bücher mit sehr detaillierten Beschreibungen. Doch bei aller differenzierten Darstellung wird für mich der Mensch kaum faßbar. Frau Mödl, wer war Wieland Wagner?

Das ist gar nicht leicht zu erklären. Für mich war er nicht nur der bedeutendste Regisseur in meinem Leben, sondern fast ein halber Gott. Drum hätte ich auch nie eine private Beziehung zu ihm haben können. Und selbst wenn ich es gewollt hätte – ich glaube, zu ihm hätte ich nie einen Zugang bekommen, denn er war im Grunde seines Wesens unnahbar und auch undurchschaubar. Aber es gab zwischen

Kundry, gefangen im Spinnennetz des Klingsor (Bayreuth 1951)

ihm und mir eine unaussprechliche Gemeinschaft. Der Kontakt zwischen uns war so stark, daß ich, sobald er etwas zu erklären versuchte, sofort wußte, was er wollte. Das habe ich nur noch bei einem erlebt, und das war Furtwängler.

Schade, daß beide nicht zusammengekommen sind.

Warum Furtwängler nach dem Krieg in Bayreuth nicht mehr dirigiert hat (also keinen Wagner, denn er hat ja zur Eröffnung der Festspiele die Neunte von Beethoven dirigiert) – das weiß ich nicht.

Ich kann mir nur vorstellen, daß Wieland Furtwängler als Künstler sehr geschätzt hat, daß er ihn aber nicht für den „Ring" engagiert hat, weil das zu sehr an das alte Bayreuth, an die „Winifred-Ära" erinnert hätte, von der Wieland ja loskommen wollte – und mußte.

Das kann gut sein, ja.

Was Sie gerade angesprochen haben: Dieses Unnahbare und Undurchschaubare an Wieland – war das Verbergen von Verletztlichkeit?

Ganz bestimmt. Er war hochsensibel, und drum hat er kaum jemanden an sich herankommen lassen.

Mit einer Ausnahme: Anja Silja.

Ich glaube, von allen Menschen ist keiner dem Wieland so nahe gekommen wie die Anja. Sie hat ja ein unglaublich positives Wesen – und das hat dem Wieland auf seine letzten Tage sehr viel Kraft gegeben. Eine Sache werde ich nie vergessen: Das war zwei, drei Monate vor seinem Tod, im Sommer 1966. Zu dieser Zeit habe ich für seinen neuen „Ring" die Waltraute einstudiert. Ich komme nach Bayreuth – und kein Wieland ist da. Als nächstes krieg ich die Nachricht, daß Wieland im Krankenhaus liegt, und daß ich ihn dort besuchen soll, weil er mit mir die Waltraute besprechen möchte. Ich bin nach Kulmbach, gehe auf die Intensivstation und hab mich furchtbar erschrocken, so bleich sah er aus. Dann haben wir über die Waltraute

58

gesprochen. „Wissen Sie", sagte er, „das ist eine kleine Brünnhilde, und ich hätte gern, daß sie es so darstellen." Und während wir noch reden, schellt das Telefon. Wieland nimmt ab, und plötzlich geht ein Leuchten über sein Gesicht, als hätte er eine Wiederbelebungsspritze bekommen. Und ich hör ihn sagen: „Ach, du bist's, Anja!"

Anja Silja hat in Interviews immer wieder gesagt, sie sei durch die Arbeit mit Wieland für Ihr restliches Berufsleben geprägt worden; zum Beispiel habe sie immer die Salome vom Wieland gespielt – egal, in welcher Inszenierung.

Das kann ich gut nachvollziehen, denn mir ist es ähnlich ergangen. Wenn man mit dem Wieland eine Rolle erarbeitet hatte, dann war sie sozusagen im Kopf, im Körper und im Herzen fest verankert – was nicht heißt, daß man stur an dem einmal Erarbeiteten festgehalten hätte: Das war immer Etwas, das sich weiterentwickelt hat, so wie der Wieland sich in seinen Inszenierungen ja auch entwickelt hat. Er ist nie stehengeblieben. Er wollte ja mit Boulez noch den ganzen Mozart inszenieren, und da wäre einiges passiert, das schwör ich Ihnen!
Also, was der Wieland mir beigebracht hat, das habe ich immer und überall angewendet – und es hat den Aufführungen sicher nicht geschadet, im Gegenteil! Zum Beispiel habe ich an der Metropolitan nicht nur meine Bayreuther Perücken und Kostüme verwendet, sondern auch Wielands Darstellung eingebracht – was anderes hätte ich gar nicht können! Wie es die Anja sagte: Man ist für's Leben geprägt durch die Arbeit mit Wieland.

Und das Besondere ist, daß diese „Wieland-Schule" weder bei Ihnen noch bei der Silja wie ein Relikt aus großen alten Zeiten wirkt, sondern immer „gegenwärtig" geblieben ist.

Ich denke, das ist deshalb, weil es vom Ausdruck her immer die Menschen erreicht hat. Und weil es nie gegen die Musik war!
Bei all dem, was über Wieland geschrieben wurde, darf man nämlich eines nicht vergessen: Daß er nie gegen die Musik inszeniert hat. Schon dadurch unterscheidet er sich von vielen heutigen Regisseuren: Die sind vielleicht ähnlich radikal wie der Wieland damals war – aber oft auf Kosten der Musik. Und das hat's beim Wieland nicht gegeben.

Waltraute in „Götterdämmerung", Bayreuth 1966

Er hat sich immer in den Dienst der Musik gestellt. Nicht nur beim Werk seines Großvaters, das er in- und auswendig kannte, sondern bei allen anderen Stücken auch. Ich habe ja außer Wagner andere Sachen mit ihm gemacht. Und alle seine Arbeiten hatten eines gemeinsam: Er hat das Stück in Szene gesetzt und nicht sich selbst. Er hätte es nie zugelassen, daß ein Bühnenbild oder eine Geste von der Musik ablenkt.

Was seine ersten Jahre in Bayreuth betrifft: Ich denke, daß viele Zuschauer damals durch Wielands Inszenierungen erst richtig begriffen haben, welche Größe Wagners Musik hat. Und daß nach dem Mißbrauch im Dritten Reich Wagners Musik sozusagen „rehabilitiert" wurde, ist unbestreitbar sein Verdienst.

Wie war die Probenarbeit mit ihm?

Wir verstanden uns auf Anhieb, weil ich immer sofort gespürt hab, was er wollte. Ich sage mit Absicht „gespürt", denn gewußt hab ich's nicht. Das war reine Intuition.

Wie überhaupt Ihre Darstellung ganz auf Instinkt und Intuition beruht.

Absolut, ja. Ich habe nie darüber nachgedacht, wie setze ich jetzt den Fuß oder wie hebe ich den Arm – das kam einfach von selbst. Ich bin so oft gefragt worden: „Wie machen Sie das?" – Das ist etwas, was ich absolut nicht weiß. Ich denke mir gar nichts aus. Ich nehm's rein von der Musik. Und offenbar hat sich das mit der Art vom Wieland sehr gut vertragen.

Es heißt immer, das Wieland überhaupt kein Talent hatte, einem Darsteller etwas vorzuspielen.

Das stimmt, seine Bewegungen waren sehr eckig, es sah komisch aus. Und trotzdem hat er einem begreiflich machen können, was er wollte. Denn es war ja nicht so, daß er nur ein tolles Konzept hatte; er wußte auch genau, wie er es umsetzen könnte, dazu war er viel zu sehr ein Praktiker. Um das zu verdeutlichen, möchte ich Ihnen eine Geschichte erzählen: Da gab es in Bayreuth einen Kurwenal, der hatte die Angewohnheit, beim Laufen immer mit beiden Armen nachzuschlenkern. Und das hat Wieland sehr gestört, man konnte ihm richtig ansehen, wie er nach einer Lösung suchte, um das Schlenkern abzustellen. Plötzlich hat er unterbrochen: „Requisite, bitte ein Schwert!" Dann hat er das Schwert genommen und hat zu dem Sänger gesagt: „Wissen Sie, mir fehlt für den Kurwenal noch ein Emblem der Treue. Nehmen Sie doch mal das Schwert und halten Sie es schräg mit beiden Händen vor die Brust. Ja, genau so!" Wunderbar hat das ausgeschaut – und der Kurwenal hat fortan nicht mehr mit den Armen schlenkern können. Das war der Wieland!

Zu Familienverhältnissen in Bayreuth gibt es ein markantes Statement von Walter Legge: „Ich sagte Wieland einmal, nachdem ich oft in Wahnfried gewesen war, daß sein Haushalt die Tradition von ‚Tristan' und dem ‚Ring' aufrecht erhielte – wann immer Getränke oder Speisen angeboten wurden, folgten Verrat oder heimtückische Machenschaften auf dem Fuße."

Ich habe die Erfahrung gemacht, daß man in Bayreuth immer auf der Hut sein mußte – nicht zuletzt, weil es ein Familienunternehmen ist und weil es immer bestimmte Parteien gibt, die sich bekämpfen. Zum Beispiel das gestörte Verhältnis von Wieland zu seiner Mutter: Eine Zeitlang hat er ihr sogar den Zugang zu den Proben verwehrt, weil sie ihm immer dreinreden wollte. Auf der anderen Seite war da seine Schwester, die Friedelind, mit der hat er sich von allen aus der Familie am besten verstanden.

Und das gespannte Verhältnis von Wieland und Wolfgang: War davon damals etwas zu spüren?

Ja, das hat man schon gespürt. Wieland war der Künstler, Wolfgang der große Organisator, Manager und Regisseur. Das hat sich wunderbar ergänzt. Nachdem Wieland gestorben war und Wolfgang auch die Verantwortung für das Künstlerische hatte, hat er ganz andere Akzente gesetzt, indem er Regisseure wie Patrice Chéreau für den „Ring" oder Götz Friedrich für „Tannhäuser" und „Parsifal" engagiert hat. Diese „Werkstatt Bayreuth", die er ins Leben gerufen hat – etwas Besseres hätte er unter den gegebenen Verhältnissen gar nicht tun können. Er ist mit der Zeit gegangen, und das rechne ich ihm hoch an!

Und sehen Sie eine Perspektive für Bayreuth für die Zeit nach Wolfgang?

Die sehe ich unbedingt, falls es auch weiterhin gelingt, in Bayreuth neue Wege zu gehen.

Nach der Waltraute, die für Sie ein großer Erfolg war, sind Sie nicht mehr zum grünen Hügel zurückgekehrt.

Es kam kein Angebot mehr, und ich wollte auch nicht mehr. Seither bin ich nie wieder dort gewesen, auch als Zuschauerin nicht – obwohl man mich oft eingeladen hat.

Wieso nicht?

Ich glaube, daß ist etwas, was nur der nachvollziehen kann, wer selbst dort auf der Bühne gestanden hat. Ich überlege gerade, wie ich's erklären soll. Ich glaube, wenn ich als Zuschauerin in Bayreuth wäre, würde ich in irgendeiner Ecke stehen und käme mir total verloren vor. Nein, nein, das lasse ich!

Wieland Wagner über Martha Mödl

Allen Partien, die sie jemals sang, war (ist) Martha Mödl eine ideale Interpretin – nicht zuletzt deshalb, weil ihr phänomenaler Instinkt sie vor allen ihr wesensfremden Rollen zurückscheuen ließ. In weit höherem Maße als ihre Kolleginnen braucht sie die Identifikation mit der Rolle. Sie hatte Hemmungen vor der Brünnhilde und der Isolde – nicht etwa aus stimmlichen Gründen, sondern weil ihr ihr „slawischer Katzenkopf" (Gesichtsschnitt) nicht „erhaben und klassisch" genug für diese Wagnerschen Idealfiguren keltischer und germanischer Herkunft schien. Nur mein Einwand, daß ich genau so ein modernes Gesicht wie das ihre für meine Inszenierungen gesucht habe, schien ihr akzeptabel und das Nachdenken über ihren zukünftigen Weg erleichternd.

Wahrhaft exemplarisch zeigt uns Martha Mödl, daß künstlerische Selbsthingabe – nicht etwa theatralischer Exhibitionismus! – von der Bühne auch heute noch stärker auf das Publikum wirkt als glatte artistische Perfektion. Diese Erfahrung ist wichtig in einem Zeitalter, das den Rekord (das lauteste hohe C), den Manierismus (das verlogenste Singen!) und auch die rillensaubere, kalte Masche europäischen und amerikanischen Provinz-Startums anzubeten pflegt. Gesang, Persönlichkeit und Darstellung sind bei der Mödl eine absolute untrennbare Einheit, wie sie, wir wissen es aus seinen verzückten Schilderungen, Richard Wagner vor hundertdreißig Jahren bei der Schröder-Devrient erlebt hat.

Das dunkle, „böhmische" Timbre der Mödl prädestiniert sie für die sogenannten hochdramatischen Wagner-Partien – nicht nur für die Kundry –, die zwar gelegentlich Spitzentöne, im wesentlichen aber Mittellage und auch Tiefe erfordern. Ich vergesse nie Martha Mödls „Welch banger Träume Mären" in der „Götterdämmerung", wenn sie, nach der großen Stunde der Altistin in der Waltrautenerzählung, als Brünnhilde immer die Tiefe hatte, die der Kollegin fehlte. Ich vergesse nie die magische, erotische Faszination, die von dem ersten „Parsifal"-Ruf ihrer Kundry im zweiten Akt „Parsifal" ausging – eben-

Brünnhilde in „Siegfried" (Bayreuth 1955)

sowenig wie die unheimliche dämonische Besessenheit ihrer Isolde in ihrer großen Erzählung oder dem „Frau Minne kenntest du nicht?" Ich vergesse aber auch nie der Gestaltung ihrer Gutrune. Sie war die erste, die dieser vom Dichter und Komponisten ein wenig arg vernachlässigten, aber für die Dramaturgie der „Götterdämmerung" ungeheuer wichtigen Figur ein eigenes Schicksal verlieh.

Die Mödl besitzt ein manchmal beängstigendes, subtiles Stilgefühl: kein Regisseur der Welt könnte ihr eine ihrer Rolle fremde Bewegung, eine Geste oder einen Ausdruck entlocken oder abtrotzen. Sie verweigert dann wie ein sensibles Pferd …

Ich gestehe gerne, daß ich, sonst in dieser Beziehung äußerst mißtrauisch, Martha Mödl gerne um Rat frage, wenn ich Auskunft über Sänger und Dirigenten brauchte: ihre Empfehlungen sind die einzigen todsicheren Tips, die ich je erhalten habe, weil sie aus einem wohl nur Frauen eigenen, beinahe divinatorischen Wissen, einem eingeborenen Gefühl für das Geniale, für das Echte wie für das Falsche kommen.

Wieland Wagners Widmung: „Keine wie Du!"

Nur fünf Jahre? –
Martha Mödl im hochdramatischen Fach

In den meisten Kurzbiographien zu Martha Mödl steht der Satz: „Anfang der 50er Jahre Wechsel ins hochdramatische Fach". Was hier so lapidar klingt, ist im Grunde *das* zentrale Thema Ihrer Sängerlaufbahn, ein Thema, das oft viel zu undifferenziert behandelt wird. Das beginnt schon beim Wort „Wechsel". War es wirklich ein „Wechsel", oder war es nicht viel mehr eine konsequente Weiterentwicklung Ihrer Möglichkeiten?

Es war eindeutig eine Weiterentwicklung und kein „Wechsel", das kann ich gar nicht genug unterstreichen. Ich habe bestimmte Mezzo-Rollen wie den Octavian oder die Eboli hinter mir gelassen und bin mit der Kundry langsam ins hochdramatische Fach hineingewachsen. So wie es bei vielen anderen Sängerinnen vor mir der Fall war: Margarethe Matzenauer, Helene Wildbrunn, Gertrud Rünger, Marta Fuchs, Anny Konetzni – das waren alles Hochdramatische, die aus dem Mezzo-Fach gekommen sind. Diese Entwicklung war zu meiner Zeit fast der normale Weg.
Und als ich dann später statt der Brünnhilde in Bayreuth die Waltraute gesungen habe, dann bin ich nicht in „mein altes Mezzofach zurück-gegangen", wie so oft gesagt wird, sondern habe ich mir ein neues Fach erarbeitet.

Dieser Weg, vom dramatischen Mezzosopran zum Wagnerfach, erscheint sehr sinnvoll, denn für die hochdramatischen Wagnerpartien braucht man als Fundament eine solide Tiefe und eine reiche, klangvolle Mittellage. Inzwischen aber scheint sich ein anderer Weg durchgesetzt zu haben: Vom lyrischen oder lyrisch-dramatischen Sopran zum hochdramatischen Fach.

Grundsätzlich halte ich diesen Weg für sehr gefährlich. Denn meistens ist es so, daß die „reinen" Soprane – also die, die von der Höhe her kommen – bei einer Brünnhilde auf die Mittellage drücken müssen. Und das kann der Anfang vom Ende sein.

67

Daß man heute eine Brünnhilde und Isolde oft mit einem anderen Stimm-Typus besetzt als früher, liegt aber auch an der Schallplatte.

Ganz sicher. Da läßt sich manches machen, da können Sie eine Brünnhilde mit einer Tosca-Stimme besetzen. Aber für meine Begriffe sollte eine Brünnhilde eben nicht wie eine Tosca klingen.

In diesem Zusammenhang mag der Begriff „h o c h dramatisch" auch regelrecht irreführend sein, weil er eine falsche Assoziation weckt: Daß es hochliegende Partien sind. Aber das Gegenteil ist der Fall: Wagner hat ja, simpel gesprochen, bei seinen schweren Sopran- und Tenorpartien das Zentrum des Singens nach unten verlegt, in die Mittellage. Besonders deutlich wird das bei der Brünnhilde in „Walküre" und „Götterdämmerung".

Ja, nur die „Siegfried"-Brünnhilde ist eine wesentlich höhere Lage, drum war sie für mich immer das Schwierigste am ganzen „Ring".

Wir sind uns einig darüber, daß es nicht die Spitzentöne sind, auf die es bei diesen Rollen ankommt. Trotzdem die Frage: Wie wichtig war und ist für Sie das hohe C?

Dazu muß ich jetzt etwas ausholen und mit einem Vorurteil aufräumen, das leider weit verbreitet ist. Es wird oft behauptet, daß ich mir die Höhe habe erkämpfen oder „aufstocken" müssen. Es war aber so, daß ich in meinen ersten Jahren eine sichere Sopranhöhe hatte. Ich hatte das hohe C von Natur, konnte es sogar piano ansetzen, anschwellen lassen und wieder zurücknehmen. Also, das stand mir von Anfang an zur Verfügung, das mußte ich mir nicht erkämpfen. Nur hatte ich nicht die Ausbildung, um mir die Höhe über Jahrzehnte zu erhalten. Es war sozusagen eine Natur-Höhe, die mir im Laufe der Jahre dann immer mehr abhanden gekommen ist. Aber es hat Jahre gegeben, wo mir die Höhe überhaupt keine Probleme gemacht hat.

Wie ja bei den Bayreuther Mitschnitten vom „Tristan" und vom „Ring" deutlich zu hören ist.

Ja, das war '52/53, also zu meiner besten Zeit, wo mir fast alles zur Verfügung stand.

In diesem Zusammenhang möchte ich einen Abschnitt von Victor Reimanns Buch „Dirigenten, Stars und Bürokraten" (Wien, 1961) zitieren. Über Martha Mödl schreibt Reimann: „Die emotionale Wirkung der Mödl als Brünnhilde war so stark, daß man manchmal befreit aufatmete, wenn der eine oder andere Ton nicht gelang. Mödl erinnert in der restlosen Verausgabung ihrer stimmlichen und seelischen Reserven etwas an die Welitsch. Sie gehört zu den Sängerinnen, denen nur fünf Höchstjahre beschieden sind. Doch diese fünf Jahre sind von einer so nachhaltigen Wirkung, daß sie Operngeschichte bedeuten."

Das nehm ich als ganz großes Kompliment. Und zu den „fünf Höchstjahren" möchte ich folgendes sagen: Nach meiner Einschätzung gab es ein paar Jahre, wo beides zusammenkam, eine gewisse künstlerische Reife und ein sorgenfreies Singen. Das war ungefähr von '50 bis '55. Aber von '56 bis ungefähr '63 war es so, daß es an einem Abend wunderbar ging und an einem anderen nicht mehr so gut. Da gab es Vorstellungen wie den „Tristan", '58 in München, oder noch meine letzte Isolde, '62 in Bayreuth, wo ich hundertprozentig bei Stimme war und ohne Sorgen gesungen habe – und zu diesem Zeitpunkt hatte ich immerhin schon 20 Bühnenjahre hinter mir. Aber es gab eben auch Abende, wo ich mich dabei ertappt habe, daß ich über einzelne Töne nachdenken mußte. Und irgendwann kriegte ich vor hohen Tönen Angst – obwohl ich wußte, daß sie nicht so wichtig sind wie alles andere. Selbst bei der Flagstad, die ja als Wagnersängerin weltweit einen Maßstab gesetzt hat, hat man beim hohen C gehört, daß es ein Grenzton ist.

Offenbar kann man als Hochdramatische nicht beides haben: Eine üppige, warme Mezzostimme und dazu so bombensichere Spitzentöne wie Birgit Nilsson. Wobei die Nilsson vielleicht auch die Preise verdorben hat: Wenn sich heute eine neue Brünnhilde mit den „Hojotoho"-Rufen vorstellt, wird sie wohl immer an der Nilsson gemessen.

Isolde, München 1958

Birgit Nilsson war ein absoluter Sonderfall, ein anatomisches Wunder. Genauso Gertrude Grob-Prandl, die schon ein paar Jahre vor der Nilsson das hochdramatische Fach in Wien, Berlin und an anderen großen Häusern gesungen hat. Das waren Riesenstimmen mit einer unglaublich durchschlagskräftigen Höhe. Nur muß man sich klarmachen, daß solche Stimmen große Ausnahmen sind. Außerdem muß man eines bedenken: Als ich anfing Wagner zu singen, wurden weder die Elektra noch die Turandot zum hochdramatischen Fach gezählt; die rangierten eindeutig unter „dramatischer Sopran". Die Elektra liegt ja viel höher als alle Brünnhilden. Bei Wagner ist es eine Mezzo-Lage mit wenigen hohen Tönen dazwischen, und Elektra ist eine echte Sopranlage.

Trotzdem haben Sie sich später von Wieland Wagner zu einer Elektra hinreißen lassen.

Das war einer meiner großen Irrtümer. Ich hätte auf meine innere Stimme hören und es lassen sollen. Aber ich habe mich wohl nicht getraut, dem Wieland „nein" zu sagen. Er hat in mir die Figur gesehen, aber ich wußte natürlich, daß mir die gesamte Lage der Rolle einfach zu hoch ist. Trotzdem hab ich's versucht – und hab es sofort wieder aufgegeben, obwohl es vom Publikum erstaunlicherweise gut aufgenommen wurde.

Auch von der Kritik. Carl Dahlhaus zum Beispiel hat eine einzige Hymne geschrieben: *„Das Wesentliche an Martha Mödls Darstellung aber kann nur angedeutet, nicht beschrieben werden: es ist die Größe eines Stils, die von der Person nicht zu trennen ist. Martha Mödl singt nicht Töne, die man sich, wie bei nicht wenigen Sängern, auch von anderen gesungen vorstellen könnte, sondern ihr Gesang ist unwillkürlicher Ausdruck; so zwingend, daß man geringfügige Schwächen der Stimme kaum bemerkt – Schwächen, die Martha Mödl nicht zu fürchten braucht, weil sie bei ihr bedeutungslos sind. Um es unmißverständlich zu sagen: Der erste Monolog der Elektra, die Anrufung Agamemnons, war einer der großen Augenblicke musikalischen Theaters, die den Atem stocken lassen und aus denen die Einsicht zu gewinnen wäre, daß das Entzücken über Töne, an denen nichts zu rühmen ist als daß ihre Lautstärke proportional zu ihrer Höhe wächst, ein Fetischismus musikalischer Analphabeten ist."*

Also manchmal frag ich mich: Ist eine Aufführung wirklich nicht gut gewesen, oder hab ich mir in meiner Art wieder nur das Negative gemerkt? Ich weiß nur, daß ich damals mit meiner Leistung nicht zufrieden war, ich fand mich einfach nicht gut genug. Drum hab ich die Elektra nur in dieser einen Serie gesungen.

Wenn Sie heute zurückblicken: Würden Sie diesen Weg vom Mezzo zum hochdramatischen Sopran noch einmal gehen?

Unbedingt, ja. Nicht, weil es große Rollen waren. Sondern weil sie mich vom Ausdruck her gereizt haben. Vor allem die Brünnhilde in der „Götterdämmerung". Das zu singen war für mich noch eine größere Erfüllung als die Isolde. Und wenn ich heut vor die Wahl gestellt würde: Ja, ich würde diese Rollen singen – und wenn meine Stimme in d r e i Jahren kaputt wäre!

Sternstunde in Bayreuth:
„Tristan" mit Ramon Vinay

Von der Kundry zur Isolde, das ist in Ihrem Fall der Schritt vom Mezzo zum hochdramatischen Sopran – gab es bei dieser entscheidenden Entwicklung in Ihrem Fall auch Skeptiker und Zweifler?

Eigentlich bin ich von allen unterstützt worden, insbesondere vom Wieland, der sich für die Isolde immer eine dunkle, warme Stimme mit Mezzo-Charakter gewünscht hat und der überhaupt immer zu mir gehalten hat, bei allem Auf und Ab. Der einzige, der total dagegen war, war der Plattenproduzent Walter Legge.

Wie kam das?

Legge wollte, daß ich für seine „Tristan"-Aufnahme mit Flagstad, Suthaus und Furtwängler die Brangäne singe. Das wäre im Mai 1952 gewesen; da wußte er noch nicht, daß mir Wieland für den Sommer desselben Jahres die Isolde in Bayreuth angeboten hatte. Also habe ich dem Legge abgesagt: Er möge doch hoffentlich verstehen, daß ich die Brangäne nicht ein paar Wochen vor der Isolde singen könnte, und ich könnte doch dem Wieland die Isolde nicht absagen!

Und wie hat Legge reagiert?

Er war zutiefst beleidigt, hat mir's furchtbar übel genommen – und hat überall erzählt: „Die ist in drei Jahren kaputt!" Von dem Moment an war ich für ihn persona non grata. Ich glaube, wenn er noch lebte, würde er sich heute noch ärgern, daß ich so lange durchgehalten habe. Mehr als 20 Jahre nach dieser „Tristan"-Geschichte haben wir uns zufällig getroffen – am Londoner Flughafen, da kam ich gerade von einer Aufführung, der „Friedensengel" war es, glaube ich. „Ja, was machen Sie denn hier?!", fragt mich Legge. Und als ich es ihm erzähle, hebt er nur eine Augenbraue: „Ach ja?!" – so, als hätt er sagen wollen: „Schade, daß ich nicht Recht behalten habe!"

Bei Ihren Aufnahmen für EMI – „Fidelio" und „Walküre" unter Furtwängler – war dann bezeichnenderweise nicht Legge der Produzent, sondern Lawrence Collingwood.

Das war aber sicher nicht nur wegen mir, sondern auch wegen der Differenzen, die Legge mit Furtwängler hatte. Selbst bei ihm hat er ja nicht halt gemacht mit seiner Art. Der Legge war einer, der immer alles besser wußte und der allen hineingeredet hat. Hat sich aufgeführt, als wäre er der einzige auf der Welt, der was von Musik versteht. Dabei bin ich sicher, daß es mindestens tausend Menschen gegeben hat, die genauso gute Aufnahmen hätten machen können, wenn man sie bloß drangelassen hätte. Aber er hat's verstanden, sich so darzustellen, daß man ihn für den „Papst der Schallplatte" gehalten hat.

Immerhin gab es zur gleichen Zeit bei der Electrola Fritz Ganss.

Und der war mindestens so gut wie der Legge. Aber er war ein Mann, der keinen Wind um sich gemacht hat. Ansonsten habe ich mich für die Schallplatte kaum interessiert, überhaupt für das ganze Musikgeschäft nicht. Vielleicht hat der Legge das gespürt, und drum hat ihn meine Absage doppelt geärgert – ich weiß es nicht.

Beim Bayreuther „Tristan" stand einer am Pult, der damals im Begriff war, nicht nur das Schallplatten-Business zu beherrschen, sondern alle wichtigen Opernzentren Europas: Herbert von Karajan.

Es gibt manche, die an Karajan kein gutes Haar lassen, und sicher hat er auch einiges getan, was man kritisieren kann – aber ich kannte ihn nur – oder fast nur – von seiner angenehmen Seite. Ich war ja vier Spielzeiten hintereinander mit ihm an der Scala, und zu dieser Zeit ist er oft mit uns Essen gegangen. Damals war er noch nicht der Allmächtige, da war er noch sehr zugänglich, fast ein Kumpel. Jedenfalls hab ich mich mit ihm sehr gut verstanden. Und diesen

Martha Mödl und Ramon Vinay als Tristan und Isolde (Bayreuth 1952)

„Tristan" mit ihm, den halte ich für eine Sternstunde. Da kam alles zusammen: Wielands geniale Regie, ein sehr emotionaler Karajan und dazu eine Besetzung, die – jetzt muß ich einmal unbescheiden sein – absolut zu den Rollen gepaßt hat.

Der Mitschnitt ist ja jetzt wieder auf CD herausgekommen, und wenn man Ihre Isolde hört, verfällt man nicht nur den herrlichen Cellotönen, sondern genauso einer aufregenden Höhe. Wo andere trompetenhaft Spitzentöne hinknallen, hört man bei Ihnen Klänge, die vor Energie geradezu brennen. Allein der Schluß der Erzählung „Rache, Tod! Tod uns beiden!" Das haut einen um!

Genau die Stelle wurde vor ein paar Jahren mal bei einer „Tristan"-Matinee gespielt, wo auch Hans Hotter dabei war. Und sogar der Hotter, der mir gegenüber außerhalb der Bühne eher distanziert war, hat laut ausgerufen: „Das war aber toll!"

Bayreuth 1952: „Tristan"-Probe mit Martha Mödl, Ramon Vinay und Herbert von Karajan

Leider gab es im nächsten Jahr keine Wiederholung mit Karajan. Statt dessen dirigierte Eugen Jochum. Karajan und Wieland, das war eine Konstellation, die auf Dauer nicht gutging.

Sie wissen, wie sehr sich der Karajan auch für das Szenische interessiert hat. Später, an der Wiener Staatsoper, hat er ja den ganzen Wagner in Eigenregie gemacht. Und im Gegensatz zu vielen anderen mochte ich auch den Regisseur Karajan. Seine Inszenierungen gingen sehr nach der Musik, und das war ein großer Vorzug. Und so traditionell, wie heute immer behauptet wird, waren sie auch wieder nicht. Karajan hatte da seine ganz eigenen Vorstellungen. Und das war auch der Grund, weshalb es nicht gut ging mit ihm und Wieland. Die beiden hatten einfach zu unterschiedliche Ansichten. So mußten sie sich trennen.

Ihr Tristan war überraschenderweise nicht Windgassen, sondern Ramon Vinay.

Wenn man wußte, welche Art von Stimmen Wieland liebte, dann war's gar nicht so überraschend. Daß wir alle – auch Wieland – den Windgassen hochgeschätzt haben, ist ja ganz klar. Er war einer der größten Wagnersänger, aber was das Timbre betrifft – so viel darf ich heute sagen – mochte Wieland lieber die dunkleren Stimmen. Für den Tristan wollte er einen dunklen, erotischen, südländischen Klang – und dafür war Vinay, der als Bariton begonnen hatte und der der aufregendste Otello in diesen Jahren war, die ideale Besetzung.

Bei Ihrer Vinay-Hommage im „Orpheus" stand als Überschrift zu lesen: „Mein wunderbarer Tristan"!

Das muß ich immer wieder sagen: Für mich war Vinay der anständigste und nobelste Mann, den man sich überhaupt vorstellen konnte. Jemand, dem ich alles hätte anvertrauen können! Und musikalisch waren wir auf derselben Linie. Das war bei Windgassen nicht der Fall. Er war ein phantastischer Sänger und Kollege (und daß ich eine Zeit verliebt in ihn war, ist ja auch längst kein Geheimnis mehr). Aber beim Singen waren wir nicht auf einer Linie – er nicht auf meiner, ich nicht auf seiner. Da hatte niemand Schuld, das war wie bei den Königskindern, die nicht zusammenfinden.

Dennoch war Windgassen ihr häufigster Partner als Tristan: In Stuttgart, London, Hamburg, Wien und zuletzt noch 1962 in Bayreuth, bei der letzten „Tristan"-Produktion von Wieland Wagner.

Das war meine letzte Isolde in Bayreuth – und meine letzte überhaupt. Die war zwar relativ spät, aber immerhin ist sie mir noch so gut gelungen, daß Böhm höchst zufrieden war.

Sie wechselten sich damals mit Birgit Nilsson ab; spätestens zu dieser Zeit dürfte sich die Prophezeihung Ihrer Mutter bewahrheitet haben: „Eine starke Konkurrenz für Euch alle." Hat Ihnen das etwas zu schaffen gemacht?

Eigentlich nicht. Denn da wußte ich schon, daß ich dieses Fach nicht mehr lange singen würde. Und die Nilsson hat ja nun mit ihrer

Nach einer „Tristan"-Vorstellung: Wolfgang Windgassen, Martha Mödl und Wieland Wagner (Bayreuth 1962)

Brünnhilde und Isolde in diesem Fach zu Recht Begeisterung ausgelöst. Außerdem mochte ich die Nilsson sehr. Sie ist eine absolut aufrichtige, aufrechte Person. Und das imponiert mir.

Später hat es hin und wieder gemeinsame Auftritte gegeben: Als Elektra und Klytämnestra in Wien und als Brünnhilde und Waltraute in Bayreuth, beides in Inszenierungen von Wieland Wagner.

Zu dieser Waltrauten-Szene im letzten „Ring" vom Wieland fällt mir eine Episode ein, die charakteristisch für die Nilsson ist: Sie wissen ja, daß die Waltraute dort eine lange Erzählung zu singen hat, die alles andere als leicht ist. Und wie ich mit dieser Erzählung fertig war, hat die Nilsson sich zu mir gedreht, den Rücken zum Publikum, und hat gesagt: „Großartig!" – bevor sie mit ihrem Gesang einsetzte. Das ist die Nilsson!

Dann gab es in Bayreuth noch die andere große Konkurrentin: Astrid Varnay.

Da war sicher mehr Konkurrenz mit im Spiel als bei der Nilsson, denn wir haben ja zur gleichen Zeit in Bayreuth das hochdramatische Fach gesungen, einige Jahre, bevor dann die Nilsson kam.

Sogar als Sieglinde haben Sie sich abgewechselt.

Das war ein Versuch, der nicht wiederholt wurde. Denn obwohl mir die Partie stimmlich gelegen hätte, war ich eben keine Sieglinde – und die Astrid war auch mehr eine Brünnhilde, nicht wahr?
Ich kenne die Varnay besser als die Nilsson, wir verstehen uns gut. Sie ist eine große Künstlerin, einmalig in ihrer Art. Ich habe sie immer bewundert – wegen ihrer Professionalität und besonders wegen ihrer Ausbildung.

Kennen Sie so etwas wie Neid?

Mißgunst, in dem Sinne: „Warum hat der oder die bloß einen so großen Erfolg?" – nein. Dazu bin, glaube ich, nicht fähig.
Aber daß ich mir einen Vorteil gewünscht hätte, den andere hatten,

das schon. Zum Beispiel hätte ich gern diese eiserne Gesundheit gehabt, die die Varnay hatte. Sie ist nie krank geworden und hat immer singen können. Einmal, '53 in Bayreuth, hat sie, obwohl sie in diesem Sommer sehr viel zu singen hatte, zwischendurch noch einen „Tristan" gerettet, als ich nach dem ersten Akt nicht mehr weiterkonnte. So eine Kondition hätte ich auch gern gehabt!

Andererseits gelten Sie doch auch als ziemlich „robust".

Ich bin hart im Nehmen, körperlich und auch seelisch, das stimmt schon. Mich hat so schnell nichts umbringen können. Aber die Stimme, die war halt nicht so robust, wie ich's vielleicht gern gehabt hätte. Komischerweise lese ich heute kaum noch ein kritisches Wort über mich – im Zusammenhang mit all den Mitschnitten aus Bayreuth, die alle auf CD herausgekommen sind. Eigentlich kommen da nur positive Reaktionen. Manchmal derart positiv, daß ich mich frage: Ist das vielleicht ausgleichende Gerechtigkeit?

Die drei großen Hochdramatischen: Astrid Varnay, Birgit Nilsson und Martha Mödl im Gespräch mit Klaus Schultz, dem Intendanten des Gärtnerplatz-theaters München (TV-Dokumentation)

Platten-Hören mit Martha Mödl:
Der Bayreuther „Ring" von 1953

Womit fangen wir an?

Ruhig mit dem „Hojotoho". Da würd mich interessieren, ob ich das
so gesungen habe, wie es im Klavierauszug steht.

Na, drückt mir die Daumen, daß … Jawohl! Das ist mir wichtig an
dieser Stelle: Daß die Spitzentöne nicht extra angesetzt werden,
sondern daß man das ganze „Hojotoho" in einem Schwung singt. Da
ist ein Bogen drüber, das müssen richtige Aufschwünge sein, ohne
Unterbrechung.
Aber der Klang von der Aufnahme ist großartig. Es klingt so direkt,
als würd man danebenstehen. Die müssen da irgendein Verfahren
entwickelt haben, was genau, weiß ich nicht.

Und jetzt? Todverkündung?

Nein, die brauchen wir nicht zu hören, die lag mir immer. Wird
schon in Ordnung sein. Nehmen Sie lieber „War es so schmählich",
aus dem dritten Akt.
Mit dem Hotter und mir, das war auch so etwas Merkwürdiges.
Außerhalb der Bühne hatten wir nie Kontakt, aber sobald wir in der
„Walküre" zusammen gesungen haben, sind wir uns innerlich so
nahe gekommen, wie es sonst nur ganz selten geschieht. In seinem
Buch hat er sinngemäß geschrieben: „Sie kam auf die Bühne und
schlüpfte in ihre Rollen, ohne es zu wissen." Genauso war's.

Bayreuth 1953: Martha Mödl und Hans Hotter als Brünnhilde und Wotan

Der diese Lie - - - - be mir in's Herz ge-legt,

dem Wil-len, der dem Wäl-sung mich ge-sellt, ihm — innig ver - traut —

— trotzt' ich deinem Ge - - bot.

Kinder, ist das eine Musik! Und diese Steigerung im Orchester ... Das hat der Keilberth schon wunderbar gemacht. Der hat eben ganz genau gewußt, wo ich atme, wo er anzieht und wo er mir helfen muß. Wir waren auf einer Linie. Was kommt jetzt?

Die Schlußszene aus „Siegfried"?

Oje, da hab ich Angst. Das war für mich das Schwerste am ganzen „Ring". Die Partie ist zwar kurz, bewegt sich aber immer um eine Terz über meiner Lage. Da mußte ich besonders Obacht geben.

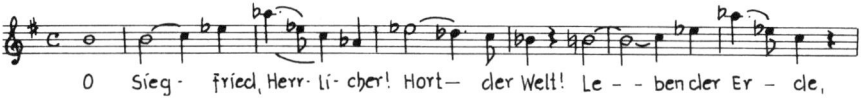

O Sieg - fried, Herr-li-cher! Hort — der Welt! Le - - ben-der Er - de,

Bis jetzt hab ich nicht einmal zu tief gesungen, immerhin.

Warum haben Sie gerade das Gesicht verzogen?

Weil es eine ganz schwierige Passage ist. Es schraubt sich immer weiter nach oben, und ich weiß heute noch genau, was das für ein Gefühl war, wenn ich das gesungen habe.
Oje, jetzt kommt's!

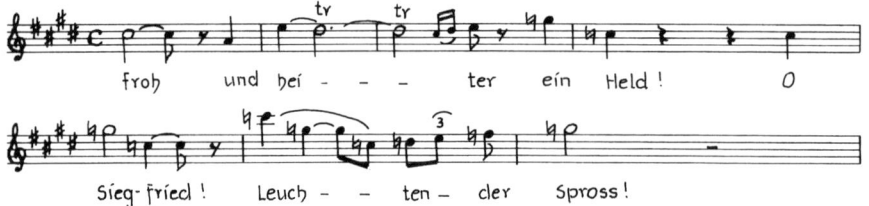

Nun ja. Das ist ein gutes Beispiel dafür, wenn ich sage: Es sind nicht einzelne Spitzentöne, die den Schwierigskeitsgrad einer Rolle ausmachen, sondern die Lage!

Drum war ein B oder C in „Siegfried" für mich viel schwieriger als dieselben Töne im „Tristan" oder in der „Walküre". Wollen wir mal hören, ob die am Schluß überhaupt kommen.

Also, das B ist in Ordnung. Aber das C am Schluß ist mir meistens mißlungen. Einfach deshalb, weil es ab dem „Duett" nur noch hinaufgeht. Jetzt! Paß auf! Na, wenigstens war er da. Aber – wie soll ich mich ausdrücken? Das ist genau so, wie Sie's gesagt haben: Man kann nicht beides haben, diese breite Mittellage plus Spitzentöne wie die Nilsson!

Drum haben die ja sogar in Bayreuth schon die „Siegfried"-Brünnhilde mit einer anderen, höher gelagerten Stimme besetzt.

Mich wundert dabei nur eins: Daß Karajan in der Zeit, wo er alle möglichen Partien aufgeteilt hat, nicht die „Hojotoho"-Rufe von einer Sopranistin und die Todverkündung von einem Mezzo hat singen lassen.

Ja, das hätt noch gefehlt!

Gehen wir zur „Götterdämmerung", zu der Stelle, die Wieland angeführt hat: „Welch banger Träume Mären …"

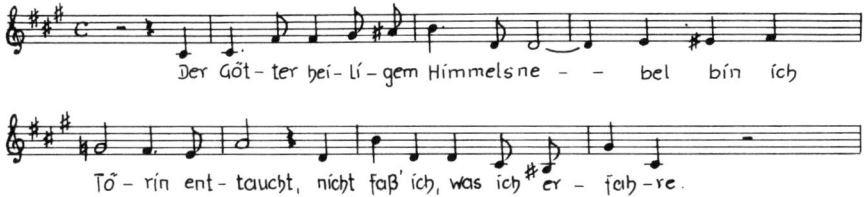

Der Göt-ter hei-li-gem Himmelsne - - bel bin ich
Tö-rin ent-taucht, nicht faß' ich, was ich er - fah-re.

Da steigt die Brünnhilde fast in die Altlage hinunter, zumindest ist sie dort tiefer als vorher die Waltraute. Und gleich geht's wieder hinauf!

Denn se - lig aus ihm Leuch - tet mir Sieg - frieds Lie-be:

Ja, wenn Sie hören, wie ich „Liebe" singe, dann wundert's Sie gar nicht mehr, warum ich privat in der Liebe kein Glück hatte. Ich hab den Fehler gemacht zu denken, daß ich das im Leben mit einer ähnlichen Intensität haben könnte wie auf der Bühne.

Lehrt ihr mich Lei - den, wie Kei - ner sie litt?
Schuft ihr mir Schmach, wie nie sie ge - schmerzt?

Alle Welt hat immer geglaubt, daß mir von den Wagnerrollen die Isolde am liebsten war. Aber es war die Brünnhilde in „Götterdämmerung". Die Entwicklung dieser Figur, vom Liebesduett bis zum Weltende, das war für mich das Einmalige.
Wenn wir die Schlußszene hören, dürfen Sie nicht vergessen, daß wir höchstens einen Tag Pause zwischen den Vorstellungen hatten.

Ru - he, ru - - - he, du Gott!

Schlußszene „Götterdämmerung", Bayreuth 1953

Jetzt unterbrechen Sie bitte für einen Moment, weil mir grad was eingefallen ist.

Etwas ist an meiner Stimme, was für Wagner bestimmt nicht schlecht ist: Die Ruhe im Ton. Aber das ist für meine Begriffe keine Frage der Technik, sondern eine Frage des Stimmcharakters. Ich finde, daß bei Wagner Worte und Töne immer ineinanderklingen sollten, da darf man gar nicht merken, wo das eine anfängt und das andere aufhört. Ich weiß immer nicht, wie ich mich ausdrücken soll, aber Sie wissen schon, was ich meine: Es sollte nicht immer nach „Gesangston" klingen … Dieses gleichbleibende schnelle Vibrato – das braucht gar kein Tremolo zu sein –, das nimmt der Stimme den ureigensten Klang, und dadurch nimmt es auch eine ganze Dimension des Ausdrucks.

Positiv gesagt: Der Klang sollte, je nach Ausdruck und Sinn der Worte, mal mehr, mal weniger Vibrato haben, so daß durch die Varianz der Schwingungsstärke auch eine Modulation im Klang möglich wird?

Ja. Das beste Beispiel, das mir dazu einfällt, ist eine Aufnahme von „Väterchen, teures höre" mit Hilde Güden. Die Güden singt das genau in der Art, die ich meine. Sie nimmt die Töne, wie ein großer Geiger sie spielen würde. Und dadurch klingt es lebendig und persönlich. Und vor allem singt sie wirklich legato, in einem Bogen. Während viele Sänger zwischen den Noten winzige Pausen machen – nein, nicht eigentlich Pausen, denn man hört es nicht; vielmehr sind die Töne hintereinander aufgereiht wie Perlen auf einer Schnur. Da ist jeder Ton schön, aber der große Bogen fehlt.

Könnten wir – mit Bezug auf das, was Sie über Furtwängler sagten – festhalten, daß dieser „große Bogen" das Wesentliche bei Wagner ist, im Orchester wie bei den Sängern?

Auf alle Fälle, ja.

Lockt dich zu ihm — die la - - chen-de lo - he?

Nicht vergessen: Das ist am Schluß der „Ring"-Serie!

Gleich kommt ein B. Na? Könnte besser sein. Das ist ein typisches Beispiel für das, was ich nicht fertiggebracht hab: Nämlich solche exponierten Töne mit kühlem Kopf vorbereiten ... Aber ich wundere mich wirklich, daß bisher nichts zu tief war.

Jetzt kommt für mich das Schönste: Dieses lange Orchesternachspiel bis zum Ende. Eine Musik ist das, die macht einen ganz verrückt!! Noch mal das „hehrste Wunder" ...

Jetzt der allerletzte Akkord, der ist unglaublich.

Mein Gott, ist das schön!

Da möchte man den Regisseuren, die versuchen, von der Musik abzulenken, sagen: „Laßt es sein! Es geht nicht!"

Naturstimme vs. Technik

Frau Mödl, wenn man Ihre Aufnahmen hört, fällt eines sofort auf: Der „natur-belassene" Klang ihrer Stimme. Ein klassischer Fall von „Naturstimme"?

Absolut, ja. Es war alles von Natur aus da. Ich hatte schon als Zehn-jährige eine große Naturstimme. Vor allem aber war ich ungeheuer verliebt in das Singen. Das war überhaupt der Grund, warum ich Sängerin werden wollte.
Das Singen ist ja einer der urältesten Triebe des Menschen, es ist ja was ungeheuer Lustvolles, drum singt ja selbst der, der es gar nicht kann, in der Badewanne! Und wenn man erst Stimme hat und dazu gut disponiert ist – dann ist Singen ein einziges Glücksgefühl. Jedenfalls hat es für mich keinen körperlichen Zustand gegeben, bei dem ich ein ähnliches Glücksgefühl verspürt habe. Und dieses Glück-gefühl beim Singen ist mir immer geblieben – wohlgemerkt, wenn ich gut disponiert war! Das war für mich das Schönste überhaupt. Drum ist Singen für mich eigentlich kein Beruf, sondern ein Zustand von körperlichem Wohlbefinden.

„Naturstimme" assoziiert einen weiteren Begriff, nämlich den „goldenen Schnitt": Ein Gesangsapparat, bei dem der Klang ungehindert heraus-strömt.

Das ist dann, wenn der Luftstrom auf keinen Widerstand stößt und den Kehldeckel ganz öffnet. Und genau das war bei mir nicht der Fall. Ich habe eine schiefe Luftröhre, und das macht schon einen großen Unterschied aus. Das habe ich aber erst vor zehn Jahren erfahren, als meine Lunge geröntgt wurde. Sänger mit dem „goldenen Schnitt" gibt es ganz selten. Was mein Fach betrifft, so gehört sicher die Birgit Nilsson dazu. Und auch Gertrude Grob-Prandl. Die waren beide so gebaut, daß der Ton ungehindert strömen konnte.

Auf die Frage, warum Sie nicht unterrichten, haben Sie immer geantwortet: „Wie sollte ich das jemanden beibringen, wo ich doch selbst nicht weiß, wie's geht!"

Das stimmt auch. Ich hab viel zu viel Ehrfurcht vor dem Singen-Können, als daß ich mich traue, Unterricht zu geben.
Gut, nach 55 Bühnenjahren weiß ich natürlich ein bißchen mehr dar-über als in meinen ersten Jahren, wo ich wirklich nicht die geringste Ahnung hatte, wie's funktioniert. Denn das bißchen Unterricht, was ich hatte, das konnte man ja nicht Ausbildung nennen.

Sie sagten, sie hatten zwei Gesangsstunden pro Woche über acht Monate – das macht gerade mal 60, 70 Stunden. Gibt es etwas, was Sie von dem Unterricht bei Henriette Klink-Schneider als wesentlich in Erinnerung haben?

Daß sie eine gute Lehrerin war, die offenbar zu mir gepaßt hat. Zu-mindest hat sie nichts an mir verdorben. Das mag jetzt sehr negativ klingen, aber jeder, der sich mit Singen beschäftigt, weiß, daß es schon sehr viel ist, wenn ein Gesangslehrer nichts verdirbt. Und genauso ist es ein Glück, wenn Lehrer und Schüler überhaupt zusammenpassen – weil ja jeder Gesangsapparat anders ist, so wie jeder Körper anders ist. Drum kann es keine Methode geben, die für jeden Sänger richtig ist. Zum Beispiel hat mir meine Lehrerin eine eigenartige Mund-stellung beigebracht: Immer an die oberen Zähne singen. Zufällig hat's bei mir gepaßt. Bei einem anderen hätte es aber total in die falsche Richtung gehen können – eben weil es beim Singen nichts gibt, was für jeden richtig ist.

Haben Sie später noch Versuche gemacht, sich das technische Rüstzeug, das ihnen fehlte, anzueignen?

So viele Möglichkeiten hat es damals nicht gegeben. In den Kriegs-jahren in Remscheid gab es selbst am Theater keine Möglichkeit für eine weitere Ausbildung. In dieser Zeit hatte man andere Sorgen, es war ein täglicher Kampf ums Überleben. Nach dem Krieg hab ich noch einen Versuch unternommen, das war Anfang der 50er Jahre bei Otto Müller in Mailand. Nur hat's mir nichts genützt, im Gegenteil.

90

Da sollte ich mit schierer Kraft singen, so richtig stemmen, wie das Mario del Monaco gemacht hat. Aber ich habe sofort gespürt, daß das nicht der richtige Weg für mich ist. Von da an hatte ich gegenüber Gesangslehrern nicht nur eine Skepsis, sondern ich habe sie regelrecht gefürchtet. Also habe ich mir halt selber helfen müssen. Manchmal habe ich mir auch von einer Kollegin etwas abschauen können, wie zum Beispiel von der Margarete Teschemacher, die noch am Ende ihrer Laufbahn ganz wunderbar singen konnte. Ich habe auch oft Ratschläge von Kollegen bekommen – aber als eigensinniger Charakter, der ich bin, habe ich einen Rat nur selten annehmen können. Selbst, wenn ich gewollt hätte: Wahrscheinlich hätte ich es gar nicht in die Praxis umsetzen können. Vielleicht noch im Zimmer – aber nicht auf der Bühne!

Warum nicht?

Mit ganz klarem Kopf technisch etwas durchzuziehen und dabei das Gefühl zurückzustellen – das ging nicht bei mir. Windgassen konnte das: Wenn eine gefährliche Phrase kam, dann hat er zwei Takte vorher seine ganze Konzentration auf das Technische gelenkt. Er hat mir's gezeigt, und ich hab's wer weiß wie oft probiert, mein Gott, wie oft! – aber ich hab's einfach nicht fertiggebracht.

Vielleicht war das auch gut so.

Etwas Ähnliches hat der Herr Goertz auch gesagt.

Wolfram Goertz von der „Rheinischen Post"?

Genau der. Wir hatten ein Gespräch vor meiner letzten Premiere in Düsseldorf, der Uraufführung von „Gervaise Macquart", und ich hatte mich quasi dafür entschuldigt, daß ich so gut wie keine Ausbildung hatte. Da hat er gesagt: „Ja, glauben Sie denn, daß das ein Fehler war?" Das werde ich nie vergessen. Und je länger ich darüber nachdenke, desto mehr komme ich dazu, Ihnen beiden Recht zu geben: Vielleicht war es ganz gut so. Denn bei vielen Sängern, die heute ganz groß herauskommen, beobachte ich immer wieder dasselbe: Technisch sind sie besser als ich es war. Auch musikalisch und stilistisch ist alles perfekt. Sie haben gelernt, alles zu singen, in allen Sprachen und allen Stilrichtungen. Und sie sind sehr gescheit und gebildet. Aber, ich kann mir nicht helfen: Es klingt mir oft so gezüchtet, antrainiert. Und etwas Entscheidendes fehlt: Das Singen aus vollem Herzen und mit dem ganzen Körper. Das Ursprüngliche, Kreatürliche – oder, wenn Sie so wollen, das „Animalische".

Und darin liegt ein elementares Problem beim Singen: Entweder kann man es (weil man dafür die Begabung hat) oder man „macht" es. Die eine Art ist ursprünglich, die andere erlernt.

Christa Ludwig hat das einmal sehr schön auf den Punkt gebracht, in Bezug auf Ihre Verkörperung der Kundry: „Ich habe die Mödl in dieser Rolle grenzenlos bewundert", sagte sie, „und zwar vor allem deshalb, weil sie genau das war, was ich weder sein konnte noch sein wollte. Sie hat sich jedesmal total ausgegeben auf der Bühne, sie hat jede Rolle mit höchster Intensität durchlebt, ohne auf die Stimme Rücksicht zu nehmen. Meine Einstellung ist, daß man das eigentlich nicht tun darf. … Der Wunsch, so sein zu können wie sie, streitet immer wieder mit der Vernunft, so nicht sein zu dürfen."

Das habe ich gelesen, und es hat mich gerührt, weil es so gut ausgedrückt ist – und so ehrlich, wie Christa Ludwig das sagt. Nur, diese Entscheidung: „Wie sehr nehme ich Rücksicht auf meine Stimme?", die muß jeder für sich selbst treffen. Das heißt, in meinem Fall war's gar keine Entscheidung. Ich hab's einfach nicht anders können.

Dieser Verlust von „Natur", von Ursprünglichkeit beim Singen – ist das Ihrer Meinung nach mit ein Grund dafür, daß es heute nicht mehr so große Persönlichkeiten unter den Sängern gibt?

Das ist sicher mit ein Grund. Aber ich stelle mir oft die Frage, ob sich unter den heutigen Bedingungen überhaupt solche Persönlichkeiten entwickeln können. Persönlichkeit bedeutet ja auch, daß man einen eigenen Willen hat und sich nicht unbedingt jedem Trend anpaßt. Das kann schon sehr unbequem sein – in einer Zeit, wo alles höchst effektiv und reibungslos funktionieren muß. Perfektion steht an erster Stelle; das ist ja im Zeitalter der Computer gar nicht anders denkbar.

Nein, ich glaube nicht, daß sich die Sänger geändert haben. Sondern die Verhältnisse im Musikbetrieb haben sich geändert – so radikal verändert, wie sich die ganze Welt verändert hat.

Stuttgart und Walter Erich Schäfer

Von Wieland und Bayreuth führt eine direkte Verbindung zu Stuttgart und seinem langjährigen Indentanten Walter Erich Schäfer. Immerhin war Wieland Wagner mit diesem Haus so stark verbunden, daß Stuttgart bald das „Winter-Bayreuth" genannt wurde.

Wieland hat ein Großteil dessen, was er in Bayreuth inszeniert hat, in Stuttgart entweder vorher ausprobiert oder weiterentwickelt. Und einige Sänger vom Stuttgarter Ensemble gehörten sozusagen zum festen Sänger-Stamm in Bayreuth, allen voran Wolfgang Windgassen und Gustav Neidlinger.
Darüber hinaus hat Wieland all die Stücke, die ihn außer Wagner interessierten, in Stuttgart inszenieren können: Orffs „Antigonae" zum Beispiel, und dann natürlich „Salome" und „Elektra".

Bei Schäfer hatte er sozusagen carte blanche?

Das würde ich fast sagen, ja. Das Verhältnis der beiden beruhte auf gegenseitigem Respekt und Wertschätzung.

Unter Schäfers Leitung entwickelte sich Stuttgart zu einer – wenn nicht d e r – künstlerisch führenden Bühne Deutschlands.

Und zwar in j e d e r Sparte. Denn neben der Oper galt ja auch das Stuttgarter Schauspiel international als hervorragend, und dazu hatte Schäfer mit John Cranko und seinem Ensemble das berühmteste Ballett der Welt. Und welches Gespür Schäfer für künstlerische Qualität hatte, das können Sie allein schon daran sehen, daß er sofort zwei der größten Regisseure nach Stuttgart geholt hat: Wieland Wagner und Günther Rennert.

Sie haben Schäfer einmal als ihren „musikalischen Vater" bezeichnet …

Mit Walter Erich Schäfer (Stuttgart, Ende der 50er Jahre)

Er war für mich überhaupt ein Vater-Typ – obwohl er nur elf Jahre älter war als ich. Aber seine ganze Art, die war so fürsorglich, so wohlwollend und herzlich, daß ich sofort zu ihm Vertrauen gefaßt habe.

Ein großer Theatermann, ein Vater-Typ – und ein hervorragender Schriftsteller. Jedenfalls ist für mich das Buch, das Schäfer Mitte der 60er Jahre über Sie geschrieben hat (und wann hat schon mal ein bedeutender Intendant ein Buch über eine Sängerin verfaßt?) nicht einfach ein Sänger-Buch, sondern Literatur.

Bitte, ich sage das nicht, weil es über mich ist und weil ich darin so gut wegkomme, sondern ich würd's genauso sagen, wenn er einen anderen Sänger beschrieben hätte: Man merkt, daß Schäfer mit Herz und Seele beim Theater war.

Offenbar war er nicht so verkopft und „intellektuell" wie viele Theatermacher nach ihm; man spürt beim Lesen immer, daß Theater für ihn in erster Linie mit Emotion zu tun hatte. Er läßt Gefühle zu, geniert sich nicht zu beschreiben, wie er durch eine bestimmte Szene berührt, bewegt oder erschüttert wurde. Ich finde, es ist ein äußerst ehrliches Buch, das, ohne es zu beabsichtigen, über ihn fast genauso viel Schönes sagt wie über Sie.

Ja ... schade, daß Sie ihn nicht kennengelernt haben.

Ich kann mir vorstellen, daß er in Ihrem Leben einer der wenigen Konstanten war.

Das stimmt. Fast dreißig Jahre habe ich ihn gekannt. Und unser Verhältnis war bis zum Schluß so herzlich, wie es in der ersten Stunde war. Er war der einzige Intendant, mit dem ich auch über Privates gesprochen habe. Irgendwie fühlte ich mich in seiner Gegenwart geborgen, und ich habe ihm oft mein Herz ausgeschüttet.

Wieland, Rennert, Schäfer – drei Menschen, die in Ihrer Laufbahn von zentraler Bedeutung waren, an einem Haus. Demnach dürfte Stuttgart so etwas wie Ihre künstlerische Heimat gewesen sein?

Erste Isolde, Stuttgart 1951 (Tristan: Wolfgang Windgassen, Regie: Heinz Arnold)

„Es mag in der langen Reihe der großen Sängerinnen perfektere Stimmen gegeben haben (...) Wahrscheinlich aber hat es nie jemand gegeben – sicher habe ich nie jemand gehört –, der diese Isolde so menschlich gestaltet hat, so aus unseren Gefühlen heraus, was das menschliche Herz (und damit auch uns) bewegt und ergreift. Martha Mödl hat nicht eine Heroine dargestellt, sondern einen Teil von uns, sie hat den ‚mythischen Abgrund' zwischen der Bühne und uns überbrückt, sie hat uns hineingezogen in das Geschehen der Bühne, sie ist herausgekommen zu uns, und wer lebendig war, der hat den Schlag auf sein Herz gespürt, als Isolde statt des Todes die Liebe aus dem Becher trank ..."

Walter Erich Schäfer in seinem Buch über Martha Mödl (Friedrich Verlag Velber 1967)

Auf jeden Fall. Stuttgart war viele Jahre sozusagen mein Mutterschiff, und von dort ging es hinaus in die Welt. Allein die vielen Gastspiele mit „Tristan" und „Bluthochzeit".

Wobei ein „Tristan"-Gastspiel von besonderer politischer Bedeutung war.

Ja, das war das erste Stuttgarter Gastspiel in Paris, im Jahr '52 am Théatre des Champs Elysées. Wir waren zwar nicht die erste deutsche Bühne, die nach dem Krieg in Frankreich gastierte, aber es war eine enorm angespannte Stimmung, weil es eben mit einer deutschen Bühne, die vor uns dort war, schief gegangen war. Jedenfalls ist der deutsche Botschafter vor unserer Vorstellung nervös in seinem Zimmer herumgelaufen und hat gesagt: „Hoffentlich geht's diesmal bloß gut!!" Gott sei Dank ist's gut gegangen, das Publikum hat gejubelt, und der Botschafter soll zum Schäfer gesagt haben: „Ihr Gastspiel war mein größter politischer Erfolg!"

In seinen Memoiren schreibt Schäfer hierzu: „... als nach dem Liebestod der Vorhang fiel und aus dem Haus ein einmütiges Bravo erscholl, da hatten wir das Gefühl, etwas getan zu haben, was über das Künstlerische hinausging."

Genauso war's, ja. Und ein ähnliches Gefühl hatte ich manchmal bei unseren Gastspielen mit „Bluthochzeit". Damit sind wir ja quer durch Europa gezogen: Leipzig, Bukarest, Berlin, Wien – und sogar Lissabon. Nie werde ich das Bühnenbild vergessen: Schneeweiße große Bögen und in einem Bogen ein schwarzes Kreuz. Das war alles.

War das Ihre erste Begegnung mit einem Stück von Lorca?

Ja. Und offenbar bin ich davon so geprägt, daß mir alle anderen Stücke von Lorca, die ich danach kennengelernt habe, schwächer vorgekommen sind. Auch „Bernarda Albas Haus".

Und Fortners Musik – bekamen Sie dazu sofort einen Zugang oder mußten Sie sich den erkämpfen?

98

Mutter in „Bluthochzeit"

Nein, die Musik hat mich sofort gepackt. Aber schwer zu lernen war's, du lieber Gott! Ich war gewohnt, daß ich ganz schnell im Lernen bin – und ich hatte vorher ja schon ein paar moderne Sachen gesungen –, aber in diesem Fall war's arg. So arg, daß ich während einer Probe geheult habe (und ich heule wirklich ganz selten, meistens kann ich's gar nicht!) – aus reiner Wut und Verzweiflung darüber, daß ich die Partie nicht intus bekam! Rennert hat mich dann zur Seite genommen und sehr getröstet. Zum Glück hab ich's auch irgendwann geschafft, und über die Jahre ist es eines meiner liebsten Stücke geworden.

Neben der Klytämnestra war die Mutter in „Bluthochzeit" eine der Partien, die sie am längsten gesungen haben. Die erste Serie, Rennerts Stuttgarter Inszenierung, war 1961; und die letzte, die Düsseldorfer Produktion von Kurt Horres, 1986.

Ich würde die Partie heute noch singen, wenn ich's könnte, so sehr gefällt mir das Stück!

Welche Erinnerungen haben Sie an die Stuttgarter Produktion von Orffs „Antigone"?

Wunderschöne. Und das ist ganz klar Wielands Verdienst. Sicher, das Stück ist an sich sehr stark, aber ich hatte immer den Eindruck, daß man erst durch Wielands Inszenierung gemerkt hat, wie stark es ist. Als Antigone hatte ich die Hände nach hinten gebunden, an einem Brett. Das war wieder ganz der Wieland: Durch einen einzigen Akzent hat er die ganze Figur definiert.
Außerdem habe ich bei der „Antigone" die Geburt eines großen Tenors erlebt: Fritz Wunderlich. Das war ein Klang wie vom Himmel!

Die dritte moderne Partie in diesen Stuttgarter Jahren war die Penthesilea von Schoeck.

Mit dem jungen Eberhard Wächter. Die Regie hatte Rennert.

Wie würden Sie das Stück im Vergleich zu „Antigone" und „Bluthochzeit" einschätzen?

100

„Penthesilea" geht mehr in Richtung Oper als „Antigone", die eher einen eigenen Stil hat. Und die „Bluthochzeit" würde ich als „Musiktheater" bezeichnen, schon deshalb, weil sie streckenweise Sprechtheater ist.

Bei nahezu allen wichtigen Aufführungen, die sie in den 50er und 60er Jahren in Stuttgart sangen, hatten Sie ein und denselben musikalischen Leiter. Oder besser „den Leitner".

Ferdinand Leitner, ja, der konnte alles, den ganzen Wagner genauso wie Fortner, Orff und Weill. Und er konnte es gut! Das war eben kein Routinier, sondern wirklich ein hervorragender Musiker.

Trotzdem verbinden alle mit ihm eher den „soliden Kapellmeister" als einen stilbildenden Dirigenten.

Woran man wieder einmal sieht, daß Können allein offenbar nicht reicht, um eine große Karriere zu machen. Leitner hatte wirklich alle Voraussetzungen dazu, ähnlich wie Keilberth. Nur hatten beide nicht das Glück, das andere Dirigenten hatten. Mit dem Unterschied, daß Keilberth etwas weiter gekommen ist.

Keilberth war ja immerhin regelmäßig in Bayreuth und an der Wiener Staatsoper, während Leitner nicht einmal von Wieland nach Bayreuth geholt wurde.

Ja, merkwürdig. Leitner wurde immer mit Stuttgart identifiziert, vielleicht so sehr, daß es irgendwann als selbstverständlich angesehen wurde. Das dürfte mit ein Grund sein, warum er später von Stuttgart weggegangen ist.

Dabei fällt mir ein, daß es in Stuttgart innerhalb von neun Jahren drei Neuproduktionen von „Elektra" gab: 1962 unter Leitner, 1964 unter Böhm und 1971 unter Carlos Kleiber. Über die erste hatten wir schon gesprochen: Wieland Wagners Inszenierung war offenbar ganz auf Martha Mödl zugeschnitten, denn nachdem Sie die Titelrolle nicht mehr singen wollten, verschwand die Produktion sofort in der Versenkung.

Penthesilea mit Eberhard Wächter

... und Antigonae (Stuttgart 1956/57)

Das tut mir heute noch leid, vor allem wegen der Arbeit vom Wieland. Allein das Bühnenbild, eine Art von dreidimensionalem Gitter, war in seiner Wirkung phänomenal.

Als nächster Versuch kam zwei Jahre später die Produktion mit Sohn und Vater Böhm.

Und da war Böhm furchtbar beleidigt, daß Sie die Inszenierung von seinem Sohn so zerrissen hatten!

War sie denn wirklich so schlimm?

Nein, sie hatte gute Momente. Für das Bühnenbild hatte der junge Böhm einen griechischen Maler engagiert; seine Arbeit war zwar gut anzuschauen, aber es hatte mit Hofmannsthal wenig zu tun. Und im Ganzen erschien diese Inszenierung doch eher traditionell, zumindest nicht up-to-date.

Und der dritte Versuch 1971; Regie: Paul Hager, am Pult Carlos Kleiber.

Das war vor allem ein Riesenerfolg für den jungen Kleiber. Schäfer war von ihm entzückt und hat ihn eingesetzt, wo er nur konnte.

Und wie sind Sie mit Kleiber ausgekommen?

Sehr gut – auch wenn er mich anfangs gar nicht wollte. Aber dann hat er mich sehr geschätzt.

Hatten Sie eigentlich auch mal mit Erich Kleiber zu tun?

Nein, zum Glück nie!

Wieso „zum Glück"?

Der alte Kleiber war bekannt als böse. Hat die Sänger fertiggemacht, hat auf die Bühne raufgeschimpft, auf die übelste Art. Der arme Carlos, der hat's schwer gehabt bei so einem Vater.

„Elektra" in Stuttgart, 2. Versuch: In der Inszenierung von Karlheinz Böhm mit Amy Shuard in der Titelrolle (1964)

Berthold Goldschmidt, der an der Berliner Staatsoper noch unter Erich Kleiber im Orchester gespielt hat, sagte mir mal, daß er, als er zum ersten Mal Carlos Kleiber mit dem „Rosenkavalier" hörte, gedacht hat, der Alte sei wiederauferstanden.

Da hat es bestimmt starke Parallelen gegeben, denn der Carlos hat seine Opern ja aus den Noten seines Vaters dirigiert. Aber es war nie eine Kopie! Das war immer eine eigene Handschrift. Und für meine Begriffe ist der Carlos der größere Künstler von beiden.

Haben Sie noch Kontakt zu ihm?

Ich treffe ihn hin und wieder beim Bäcker – er wohnt ja auch in Grünwald, im Blümchen-Viertel –, und dann sagt er immer: „Guten Morgen, gnädige Frau!", nimmt seine Brötchen und geht.

Und weiter haben Sie sich nichts zu sagen?!

Naja, ein, zwei Sätze schon, aber das liegt nicht an ihm, sondern an mir. Wie soll ich jetzt sagen? Ein großer Dirigent wie Kleiber, der ist und bleibt für mich eine Respektsperson, ein Vorgesetzer. Da habe ich eine gewisse Scheu. Überhaupt tu ich mich schwer, auf Menschen zuzugehen. Ich bin gar nicht so gesellig, wie manche annehmen. Meine Mutter, die war gesellig. Hat immer gesagt, daß ich nicht so langweilig sein soll! Zum Beispiel waren wir mal auf dem Oktoberfest. Meine Mutter hat sich königlich amüsiert – und ich wär am liebsten heim gegangen. Das Einzige, wo ich gesellig sein kann, ist nach Proben oder Vorstellungen. Da bin schon ausgegangen – mit Kollegen, nicht mit Dirigenten! Bis auf zwei Ausnahmen: Karajan und Keilberth.

Furtwängler, Karajan, Keilberth

„Die Stimme der Mödl ist ein reiner Zauberkasten. Andere Stimmen können singen, was sie wollen, man erkennt sie trotzdem. Bei der Mödl erkennt man zunächst nur die Bühnenfigur, so verwandelt sich ihre Stimme mit der Rolle."
Das ist der am häufigsten zitierte Ausspruch über Martha Mödl. Und er stammt von Wilhelm Furtwängler. Daß da eine ganz besondere Verbindung zwischen Ihnen beiden war, spürt man mit jedem Takt – was aber das Besondere oder Einmalige an Furtwängler war, kann man das beschreiben oder erklären?

Das ist etwas, was ich bis heute nicht erklären kann, und wahrscheinlich ist das auch gut so. Denn sehen Sie, das war, wie beim Wieland, ganz und gar eine Sache der Intuition. Ich habe nie versucht, das „warum" zu ergründen, ich habe bloß immer gespürt – ich weiß nicht, wie ich mich jetzt ausdrücken soll –, daß wir den gleichen musikalischen Atem hatten. Das war ein Glücksfall, wie es für mich keinen zweiten mehr gegeben hat. Für mich war Furtwängler das größte musikalische Erlebnis in meinem Leben. Aber das weiß ich erst heute. In dem Moment, wo ich mit ihm gearbeitet habe, war mir das nicht klar.

Daß Sie sich auf der emotionalen und spirituellen Ebene sofort getroffen haben, wird jeder nachvollziehen können, der einmal Ihre gemeinsamen Aufnahmen gehört hat. Aber wie war es auf der rein praktischen Ebene? Es kursieren ja viele Geschichten über Furtwänglers eigenwillige Zeichengebung.

Sicher, er hat keinen deutlichen Schlag gehabt: Sie kennen ja die Geschichten, nach dem Motto: „Bei welchem Zacken sollen wir einsetzen, Herr Doktor?" Aber das waren nur Scherze; auch die Musiker haben immer sehr genau gewußt, was er wollte. Und obwohl ich so kurzsichtig war, war ich mit ihm immer zusammen. Während ich mit anderen, die noch so deutlich geschlagen haben, nie zusammen war – weil wir nicht dasselbe gefühlt haben.

Wie war Furtwängler bei Proben?

Mit uns Sängern hat er nur die Endproben gemacht. Die Einstudierung, das war hauptsächlich die Aufgabe seines Assistenten, Prof. Heinrich Schmidt aus Wien. Und das war gut so. Denn im Gegensatz zu vielen Dirigenten von heute hat Furtwängler nicht die Sänger strapaziert, um dabei die Oper zu lernen. Lieber hat er zu Hause für sich gelernt, als daß er bei den Proben die Sänger belästigt hat. Aber wenn er dann zu den Endproben kam, hat er uns derart in Bann geschlagen, daß es eigentlich keine Proben mehr waren, sondern schon Aufführungen. Was er dann am Abend gemacht hat, war reine Intuition: Das war ein Musizieren aus der Tiefe des Herzens.

Ihre Zusammenarbeit begann 1951 mit dem „Parsifal" an der Mailänder Scala, doch als Ihre „Furtwängler-Saison" müßte man den Herbst 1953 bezeichnen: Zuerst die „Fidelio"-Premiere im Theater an der Wien und dann

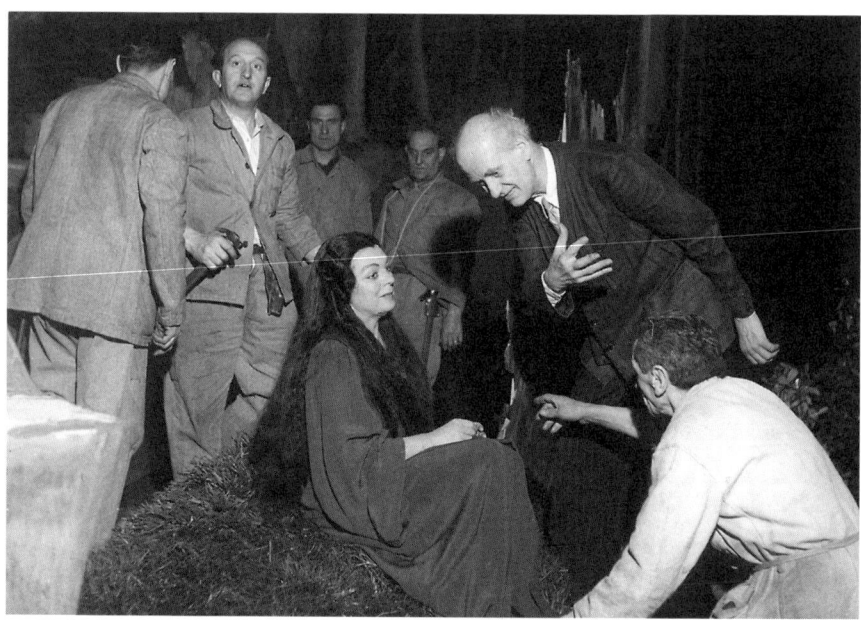

Mit Wilhelm Furtwängler bei einer Parsifal-Probe, 1951 an der Mailänder Scala.

den kompletten konzertanten „Ring" für die RAI in Rom. Beides absolute Höhepunkte in Ihrer gesamten Laufbahn.

Ja, merkwürdig, daß sich im Nachhinein ein so kurzer Zeitraum als das Wesentliche herauskristallisiert. Aber so war es.

Beim „Ring" in Rom versuchte man einen Kompromiß zwischen Studio- und Live-Aufnahme: Konzertant mit Publikum.

Und jeden Akt einzeln. Was den Vorteil hatte, daß die Sänger alles geben konnten, sie brauchten sich nicht für das Ende der Oper zu schonen. Auf der anderen Seite hört man bei dieser Aufnahme aber auch, daß die Sänger von Akt zu Akt unterschiedlich disponiert waren. Also, stimmlich ist das nicht ganz aus einem Guß. Und auch das Orchester der RAI, das kann man natürlich nicht mit den Wiener Philharmonikern vergleichen – zumal sie zum ersten Mal den „Ring" gespielt haben. Daß es aber trotzdem den ganz großen Bogen hat, von Anfang bis Ende, und daß es trotzdem unverkennbar ein Furtwängler-Klang ist, den man auf den Platten hört – das ist eben das Einmalige an ihm. Um die Mikrophone hat er sich gar nicht gekümmert, er hat sich in die Musik versenkt und hat aus dem Augenblick heraus gestaltet. Das hört man, das ist das Großartige an dieser Aufnahme! Wenn Sie zum Beispiel den ersten Akt „Walküre" nehmen: Da hören Sie schon am Anfang, wie der große Bogen hinten endet – obwohl der letzte Akt erst zwei Tage später kam. Diese ungeheure Spannung, die er aufbauen und halten konnte wie kaum jemand – das macht für meine Begriffe das Geniale an Furtwängler aus.

Selbst im Aufnahme-Studio scheint ihm dieser Bogen geglückt zu sein, siehe „Fidelio".

Da müssen Sie bedenken, daß der Aufnahme eine Bühnenproduktion vorausgegangen war, mit derselben Besetzung. Außerdem gab es bei Furtwängler nicht dieses stückchenweise Aufnehmen, das waren immer große Passagen. Es hat ihn auch nicht so furchtbar gestört, wenn kleine Fehler drin waren – wenn es nur vom Ausdruck her gestimmt hat!

Rom 1953: Papst-Audienz vor den „Ring"-Aufnahmen (von links nach rechts: Magda Gabory, Josef Greindl, Hilde Rössel-Majdan, Martha Mödl, Sesto Bruscantini, Sena Jurinac)

„Pius XII. war lange in München; er hieß ja mit bürgerlichem Namen Pacelli, und in München hat man auch eine Straße nach ihm benannt. Daß er damals oft in der Bayerischen Staatsoper war und den „Ring" bald auswendig kannte, wußten wir alle nicht; und Sie können sich unsere Gesichter vorstellen beim folgenden Dialog zwischen ihm und Josef Greindl:

PAPST: Und welche Partie singen Sie?
GREINDL: Den Hagen.
PAPST: Ah! ‚Meineid rächt' ich!'"

Jede Sängerin träumt davon, einmal die Leonore zu singen. Was ist das Besondere an dieser Partie und worin liegen die besonderen Schwierigkeiten?

Die Leonore ist eigentlich keine „Partie", sondern ein Zustand. Die kann man nicht einfach so singen. Sondern man muß sie sich erkämpfen, ja fast erleiden, würde ich sagen. Beethoven hat's so komponiert, daß man einfach an seine Grenzen kommen muß. Wie wir ja alle wissen, war er kein Komponist, der gut für Stimmen geschrieben hat, die ganze Partie ist instrumental komponiert – und das ist für jede Sängerin schwer, nicht nur für mich. Furtwängler wollte es aber gar nicht instrumental, sondern mit allem Gefühl, das man geben kann. Und diese totale Hingabe, die hab ich halt nie wieder so erlebt wie beim Furtwängler.

Das letzte Mal, daß Sie mit ihm gearbeitet haben, war die Studio-Aufnahme der „Walküre", die den Anfang zur ersten kompletten Aufnahme des „Ring" machen sollte; dazu kam es nicht mehr, Furtwängler verstarb wenige Wochen nach Fertigstellung der Aufnahme. Welche Erinnerungen haben Sie an diese Arbeit?

Es war ein wunderbares Musizieren (natürlich dürfen Sie die Wiener Philharmoniker nicht mit dem Orchester der RAI vergleichen), aber es war auch etwas problematisch, weil Furtwänglers Gehör nachzulassen begann. Der Tontechniker war manchmal ganz verzweifelt, weil er nicht wußte, wie er die Balance zwischen Orchesterklang und Stimmen schaffen sollte.

Als Sieglinde hatten Sie eine Kollegin zur Seite, die Ihnen noch sehr oft begegnen sollte: Die junge Leonie Rysanek.

Mein Gott, was für eine Stimme! Ich kann mich noch erinnern, wie ich sie zum ersten Mal gehört habe – das muß bei diesem Hamburger „Tannhäuser" gewesen sein –, das hat mich bald umgehauen! Diese Höhe mit dem Jubelton drinnen, das war etwas, was ich bei keiner anderen wieder gehört habe. Wir haben ja in etlichen „Walküren" zusammen gesungen, in Stuttgart, in Mailand, in Paris und wer weiß noch wo – und jedesmal hab ich mich drauf gefreut, ihre Sieglinde zu hören.

Siegmund war Ludwig Suthaus, ebenfalls ein häufiger Partner von Ihnen.

Im „Ring" unter Furtwängler und auch immer wieder im „Tristan". Er war zwar schon am Ende seiner Laufbahn, aber für meine Begriffe gehörte er zu den echten Heldentenören; und er hat Wagner wirklich *gesungen*, mit allen Nuancen und Farben.

Über Herbert von Karajan haben wir schon im Zusammenhang mit dem Bayreuther „Tristan" gesprochen; im Gegensatz zu vielen anderen Sängern hatten Sie nie Probleme mit ihm.

Das hat verschiedene Gründe. Erst einmal war es eine gegenseitige Sympathie. Und dann bin ich, wenn's drauf ankommt, diplomatisch. Ich sage nicht zu einem Regisseur oder Dirigenten vor versammelter Mannschaft: „Nein, das geht nicht!", sondern ich gehe hin zu ihm, spreche mit ihm unter vier Augen und versuche ihm zu erklären, warum ich dieses und jenes nicht machen kann – oder ich frage ihn, ob er mir hilft, so daß ich's vielleicht doch schaffe. So war es mit Karajan beim „Lohengrin" an der Scala. Ich war so unglücklich als Ortrud, weil ich zu dieser Figur einfach keinen Zugang fand. Und wenn ich eine Figur nicht glaubhaft darstellen konnte, dann konnte ich sie auch nicht singen; darin liegt diese Verbindung, die man „Sängerdarsteller" nennt. Darüber habe ich mit Karajan gesprochen und habe ihn gebeten, mich aus der Produktion herauszulassen. Da hat er gesagt: „Wissen Sie, Ensemblearbeit ist kein Kunststück, wenn alles gut geht. Aber wir werden jetzt zusammenarbeiten, auch wenn es ihnen nicht so gut geht. Sie werden Ihre Vorstellungen singen." Und er hat mir dann sehr geholfen, das war einmalig.

Beim Bayreuther „Tristan" hört man noch den großen Theater-Dirigenten Karajan; aber 12 Jahre später, bei der Salzburger „Elektra", klingt es schon anders: Eher symphonisch als dramatisch.

112

Bei der „Elektra" hatte er teilweise merkwürdige Ideen. Zum Beispiel wollte er, daß ich den Auftritt der Klytämnestra so singe wie ein Schubert-Lied. Das hat die Varnay mitbekommen und hat gleich zu mir gesagt: „Bist du verrückt! Tu das bloß nicht!"

Offenbar waren das die ersten Anzeichen für ein Karajan-Syndrom, das später evident wurde: Die Stimmen verkleinern und das Orchester in den Vordergrund rücken.

Er wollte nie diesen Über-Ton, diesen trompetenhaften Heroinen-Klang. Und er hat dann auch entsprechend rücksichtsvoll dirigiert. Nur hat er leider nicht viel vom Singen verstanden. Er hat wohl immer eine Vorstellung gehabt, wie es klingen sollte – aber er hat nicht einschätzen können, ob es der Sänger auch verwirklichen konnte.

Sie haben auch immer sehr positiv über den Regisseur Karajan gesprochen

Ich zähle ihn ganz klar zu „meinen" Regisseuren, weil er alles aus der Musik entwickelt hat. Da hat man ihm auch schon mal nachgesehen, daß er ab einem Punkt nur noch mit der Beleuchtung beschäftigt war. Und da habe ich etwas erlebt, darüber muß ich heut noch lachen. Bei seiner „Ring"-Inszenierung in Wien hatte er für die Todverkündung in den Walküren-Felsen einen Ausschnitt machen lassen, wo die Brünnhilde stehen sollte. Der Ausschnitt war vorn mit Gaze bedeckt; da mußte ich mich hinterstellen, und wenn dann die Todverkündung kam, wurde ich allmählich angestrahlt, von unten. Das sah so aus, als ob Brünnhilde mit dem Felsen verwachsen wäre. Die Stelle kommt, ich werde angestrahlt, singe meinen ersten Satz, und wie ich zum Dirigentenpult blicke, sehe ich, daß Karajan zum Telefon greift und ganz ungehalten etwas in den Hörer hineinzischt. Und wie ich noch überlege, was passiert sein könnte, hör ich von hinten die Stimme vom Oberbeleuchter: „Frau Kammersängerin, treten S' an Schritt zruck, Sie deckn mit Eana Busn die ganze Beleuchtung ab!" Ich hab so lachen müssen, daß ich kaum weitersingen konnte.

HERBERT von **KARAJAN**

Frau
Martha Mödl
Perlacher-Str. 19
D 8022 München   Salzburg, 1982-05-25
_____

Meine liebe Martha,

wie schön wieder einmal von Ihnen zu hören. Die letzte
Begegnung bei "Rheingold" klingt immer noch fort, als
Sie uns sozusagen im Handumdrehen gezeigt haben, was
echte Künstlerschaft bedeutet.

Hätten wir mehr mit Menschen Ihres Schlages zu tun, so
würde sich das Musikleben leichter gestalten lassen und
nicht in ein derartiges Mittelmaß zu versinken drohen.

Bleiben Sie uns so erhalten wie Sie sind und seien Sie
herzlichst umarmt, von Ihrem

Herbert von Karajan

Gab's da nicht noch eine späte Wiederbegegnung, bei seiner Verfilmung vom „Rheingold"?

Ach, ja. Da habe ich die Erda gespielt. Nur gespielt, gesungen hat das eine Finnin mit einer wunderbaren Altstimme.
Da mußte ich also lippensychron agieren, das war gar nicht einfach, kann ich Ihnen sagen. Und er war so begeistert davon, daß er sich wer weiß wie bedankt hat – noch Monate später. Da war ich in Salzburg, für die Uraufführung vom „Baal". Und da gibt es doch zwischen dem großen und dem kleinen Festspielhaus so einen Verbindungsgang im Keller. In diesem Gang ist mir der Karajan entgegengekommen, mit einem Troß von zehn, zwölf Leuten. Und er ist mit offenen Armen auf mich zu, hat mich ganz fest gedrückt und sich nochmal bedankt.

Karajan und Furtwängler – da hat es Anfang der 50er Jahre eine Art „kalten Krieg" gegeben. Stand man da als Sänger zwischen den Fronten?

Martha Mödl, Herbert von Karajan und Joseph Keilberth

Das habe ich nicht so empfunden; aber ich habe wohl mitbekommen, daß Karajan für Furtwängler ein rotes Tuch war. Zum Beispiel hatte der Karajan mal eine ganz schicke, extravagante Krawatte an; ich weiß nicht mehr den genauen Wortlaut von dem, was Furtwängler dazu sagte, aber sinngemäß meinte er: „Die hat er sich bloß umgebunden, um mich zu ärgern!"

Gab es solche Rivalitäten auch zwischen anderen Dirigenten?

Ja, bei Keilberth und Knappertsbusch. Ich hab's erlebt, daß Keilberth, bevor er sich am Künstler-Stammtisch in der „Eule" in Bayreuth niedersetzte, das Bild vom Knappertsbusch umdrehte. Keilberths Problem war, daß er sich klein fühlte. Dabei bestand dazu überhaupt kein Grund – künstlerisch und musikalisch gesehen. Aber ihm fehlte eben das gewisse Etwas an Ausstrahlung und Wirkung, was der Karajan hatte. Keilberth war ein Mann der Praxis, der sein Handwerk von der Pike an gelernt hat. Er hat ja als Hornist angefangen. Und nicht nur die Musiker, auch wir Sänger haben gesagt: „Der Keilberth ist einer von uns!" Er war auch einer der wenigen Dirigenten, mit denen ich mich geduzt habe – beim Furtwängler hätte ich das nie gekonnt und auch nicht gewollt. Das war für mich eine unantastbare Autorität. Während Keilberth ein Partner war. Ein Partner, der mich bis zu seinem Tod begleitet hat.

Haben Sie auch mit Klemperer gearbeitet?

Leider nur zweimal. Einmal beim „Tristan" in Holland, das waren aber nur die Proben, und dann ein Konzert mit Wagner-Szenen in London. Da saß er schon im Rollstuhl. Aber das hat ihm nichts von seiner Größe genommen. Er war einer der wirklich bedeutenden Dirigenten, da gibt's gar keinen Zweifel.

Wieso kam es beim „Tristan" nur zu den Proben?

Das war die Zeit, als es ihm körperlich sehr schlecht ging. Sie wissen, er ist mit einer brennenden Pfeife im Bett eingeschlafen und hat sich fürchterliche Verbrennungen zugezogen. Beim „Tristan" war er noch nicht wieder hergestellt. Und da hab ich das Häßlichste erlebt, was ich je mit einem Orchester erlebt habe: Sie wollten ihm zeigen, daß er's nicht kann! Da gibt es doch eine Stelle im zweiten Akt, die man auf 2 oder auf 4 schlagen kann; das haben die einen auf 2, die anderen auf 4 gespielt. Ein totales Chaos im Orchester! Klemperer hat natürlich gemerkt, was los war, hat den Wieland kommen lassen und hat ihm gesagt, daß er unter diesen Umständen nicht dirigieren wird. Und dann hat's der Leitner übernommen.

Furtwängler, Karajan, Keilberth, Knappertsbusch, Klemperer ... außerdem Krauss, Busch, Cluytens, Kempe, Matačić, Moralt, Klobučar, Dorati, Leinsdorf. Auf Böhm kommen wir gleich im Zusammenhang mit Wien zu sprechen; wer fehlt noch in der Reihe der Dirigenten?

Leonard Bernstein! Leider habe ich mit ihm nur ein Konzert gemacht, aber daran erinnere ich mich noch ganz genau. Es war eines von diesen Konzerten, wo er dem Publikum etwas erklärt hat und die auch im Fernsehen übertragen wurden.

Wo fand das Konzert statt?

In der Metropolitan. Da hat Bernstein Szenen aus „La Bohème", „Tristan" und „Götterdämmerung" spielen lassen, um dem Publikum zu zeigen, daß man bei Puccini Text und Musik trennen kann, nicht aber bei Wagner. Die Wagner-Szenen haben Vinay und ich gesungen, und für die „Bohème" stand das Hausensemble der Met auf der Bühne. Auf einen breiten Steg, der über das Orchester ging, hat sich Bernstein einen Flügel stellen lassen; von dort aus hat er auch zum Publikum gesprochen und das Orchester dirigiert.

Und wie war Bernstein bei der ersten Begegnung mit Ihnen?

Überschwenglich – so wie es wohl seine Art war. Er hatte mich ja noch nie gesehen und hat bei der Begrüßung ein Bohei gemacht, als ob wir uns schon wer weiß wie lang kennen.

Einen Dirigenten, den Mentor des jungen Bernstein, haben wir noch vergessen: Dimitri Mitropoulos.

Das war einer der ganz Großen. Auch wenn er, wie bei unserer „Elektra" in Florenz, mit dem Orchester ziemlich laut werden konnte. Aber was für ein Musiker! Nein, ich stelle gerade wieder einmal fest, welches Glück ich mit den Dirigenten hatte. Wirklich! Denn nachdem die Großen irgendwann ausgestorben waren, hat es ein Vakuum gegeben. Erst in den letzten zehn, fünfzehn Jahren ist wieder etwas nachgewachsen.

An wen denken Sie da?

Zum Beispiel der … nein, ich möcht keine Namen nennen. Lieber nicht!

Wien und Böhm

In Ihren 56 Bühnenjahren war wohl kein Abend mit so viel Erwartungsdruck belastet wie der 5. November 1955 – die Wiedereröffnung der Wiener Staatsoper. Was damals auf dem Spiel stand, kann man sich ungefähr vorstellen, wenn man folgenden Abschnitt in „Sänger, Stars und Bürokraten" von Victor Reimann liest: „Der Wiederaufbau der Wiener Staatsoper war Österreichs größte kulturelle Tat nach 1945. Er trug symbolischen Charakter, da er in den Anfangszeiten der Besetzung des Landes durch fremde Truppen aufgenommen, im Augenblick der wiedererlangten Freiheit aber vollendet worden war. Der Tag der Operneröffnung galt vielen als der eigentliche Befreiungstag."

Ja, es hing eine ungeheure Erwartung an diesem Abend, und ich habe so einen Bammel vor der Premiere gehabt, das kann ich gar nicht sagen. Und diese Nervosität, die hat sich bei mir auf die Stimme gelegt, das ist ganz klar. Ab einem gewissen Punkt konnte ich nicht mehr unterscheiden: Ist es die Angst – oder bin ich wirklich krank? Dann bin ich zu einem Sängerarzt, und der hat mir Tropfen auf die Stimmbänder gegeben, die ich nicht vertragen hab. Jedenfalls ist meine Stimme schmaler und schmaler geworden. Bei den letzten Proben war klar, daß ich bei der Premiere große Schwierigkeiten haben werde.

Und hat Böhm Ihnen irgendwie helfen können?

Nein, er war selber so nervös, daß er nicht hat helfen können – im Gegenteil: Er hat mich bei den Proben angeraunzt, und dadurch bin ich natürlich nicht besser geworden. Wie man sich in solchen Momenten fühlt, können Sie sich vorstellen. Bei mir kam ja noch hinzu, daß ich von Böhm extra für diese Premiere geholt worden bin, ich war ja die einzige Deutsche in einem reinen Wiener Staatsopern-Ensemble: Dermota, Schöffler, Weber, Seefried, Kmentt. Daß das für mich eine ungeheure Ehre war, brauche ich nicht zu betonen. Aber dann wurde es eine zusätzliche Belastung.

Im Zuschauerraum saß alles, was Rang und Geld hatte. Und dazu eine einschüchternde Reihe von Ehrengästen: Dimitri Schostakowitsch, Carl Orff, Bruno Walter, Lotte Lehmann, Wilhelm Backhaus, Paula Wessely …

Und Sie müssen sich vorstellen: Draußen sollen schätzungsweise an die zehntausend Menschen rund um die Oper gestanden haben, die hörten aus den Lautsprechern die Übertragung – im Nieselregen haben sie zwischen den Trümmern gestanden – am „Ring" war ja noch alles kaputt – und haben die ganze Oper gehört. Und in der Nähe vom Bühneneingang, das seh ich heute noch, stand ein Maronibrater, der hatte seinen Ofen zugeklappt, und darauf lag ein Klavierauszug vom „Fidelio". Da können Sie sich ungefähr ein Bild davon machen, was diese Eröffnung für die normale Bevölkerung bedeutet hat. Also, das gibt es nur in Wien, daß die Oper diese Breitenwirkung hat!

Die Vorstellung wurde nicht nur nach draußen übertragen, sondern in alle Welt: Angeschlossen waren 37 Rundfunkstationen, u. a. aus den USA, Kanada, Japan, Australien, Neuseeland, Indien, Ägypten, Südafrika …

Und auch für's Fernsehen ist es aufgenommen worden, von einem amerikanischen Team. Und jetzt kommt das Merkwürdige: Den Mitschnitt auf Platten, den konnte ich nie gut hören, denn da hab ich in etwa so geklungen, wie ich befürchtet hatte. Als ich aber bei der 40-Jahr-Feier der Wiener Staatsoper ein paar Ausschnitte von den Fernseh-Aufnahmen gesehen habe, da fand ich's so gut, daß ich sprachlos war. Da war der negative Eindruck, den ich jahrelang mit mir herumgeschleppt hatte, auf einmal weg.

Was bestätigt, daß Sie oft nur das Negative behalten und das Gute vergessen?

Ich denke oft zu negativ, das war schon immer so: Nach einer Aufführung, von der ich meinte, daß sie nicht so gelungen war, habe ich alles auseinandergepflückt und meine ganze Frustation an meiner

Fidelio in der wiedereröffncten Wiener Staatsoper

Mutter ausgelassen. Mir hab ich's von der Seele geredet und ihr hab ich's aufgeladen.

Und wenn Sie in einer glücklichen Phase waren – konnten Sie diesen Zustand dann genießen?

Selten. Denn wenn ich mal eine Phase hatte, wo ich rundum zufrieden war, nagten sofort Zweifel an mir: Wie lange hält dieser Zustand an, wann kommt die kalte Dusche?

Einmal abgesehen von der besonderen Premieren-Anspannung bei diesem „Fidelio": Wie war sonst die Zusammenarbeit mit Karl Böhm?

Eher schwierig. Böhm hat sich manchmal aufgeführt wie ein Schulmeister. Bittschön, er war ein großer Dirigent, da gibt's gar keinen Zweifel, und er hat sicher Recht gehabt, daß jeder kleinste Notenwert beachtet werden muß – aber bei diesem ungeheuren Moment, wenn sich Leonore schützend vor Florestan wirft, während der Generalpause durchzuzählen: „Drei, vier: Töt erst sein Weib!" Also, tut mir leid, das konnte ich nicht!

Sie haben mal gesagt, daß Böhm der einzige war, vor dem Sie Angst hatten.

Ja, dieses Granteln und dann noch in diesem fürchterlichen Ton – das konnte so verletzend sein, daß ich immer Angst davor gehabt habe. Dabei hat er wahrscheinlich nur seine eigene Unsicherheit verdeckt, denn er war ja nicht böse, sondern er hatte ein weiches Herz. Das war mir schon klar, und trotzdem hab mich bei ihm noch mehr schuldig gefühlt als ich mich ohnehin schon fühlte.
Aber meine Geschichte mit Böhm hat ein gutes Ende: Ich hatte Ihnen ja erzählt, daß der Wieland mich für seinen „Ring" in Bayreuth als Waltraute haben wollte. Und Böhm hat auf einem Vorsingen bestanden, nach dem Motto: „Wollen wir mal schau'n, ob sie's überhaupt noch kann!" Eigentlich hätte ich ja beleidigt sein können, bin dann aber trotzdem brav zum Vorsingen. Da sitzt also der Böhm am Klavier, mit einem total verkniffenen Gesicht. „Sie kommen zu spät!" – „Nein, Herr Doktor, ich bin für 11 Uhr aufgeschrieben!" Und das stimmte!

Fidelio in der wiedereröffneten Wiener Staatsoper

Aber er hat's gar nicht zur Kenntnis genommen und irgendwas vor sich hingegrantelt. Dann hab ich ihm diesen langen Monolog vorgesungen – und war aufgeregt wie eine Anfängerin. Plötzlich schaut Böhm auf und sagt: „Dä singt des schön!"
Von dem Moment war der Bann gebrochen. Und am Abend hat er mich begleitet, wie er mich vorher nie begleitet hat.

Noch einmal zurück ins Jahr 1955: Böhm war nicht nur der Premieren-Dirigent, sondern der neue Direktor der Staatsoper – allerdings nur für ein knappes halbes Jahr, dann wurde er schon gestürzt. Und den Nachfolger hatte man längst schon bereitstehen: Herbert von Karajan. Haben Sie von dieser Affaire damals etwas mitbekommen?

Sehr wenig. Wie es zu Böhms Rücktritt gekommen ist, und daß er sich damals taktisch sehr ungeschickt verhalten hat – das habe ich alles Jahre später erst nachgelesen. Aus diesen ganzen internen Querelen, da habe ich mich rausgehalten. Ich hab geprobt, hab meine Vorstellungen gesungen und bin wieder zurück ins Hotel. Und so lange ich gut bei Stimme war, war ich zufrieden.

Und die vielgefürchteten Wiener Opern-Kritiker?

Die haben mich in Ruh gelassen. Abgesehen von ein paar negativen Zeilen nach diesem „Fidelio" bin ich in Wien eigentlich immer gut weggekommen.

Sogar bei Karl Löbl, der ja hin und wieder ganz schön bissig sein konnte. Wissen Sie noch, was er über Ihre Klytämnestra geschrieben hat?

Nein.

„20 Minuten Größe", lautet die Überschrift, und dann schreibt er im letzten Absatz: „Zwischen 20.30 und 20.50 Uhr aber ereignete sich Größe: Martha Mödl als Klytämnestra. Ihr Auftritt mag allen Anwesenden ein Begriff davon gegeben haben, welche Wirkung dem Musiktheater zueigen sein kann, wenn es von solcher Intensität, raumbeherrschenden Persönlichkeit und präzisen Rollengestaltung erfüllt wird. Die Mödl als Klytämnestra: das ist die völlige Identifizierung eines Menschen mit dem, den er darstellen soll, das ist Intelligenz mal Instinkt, das ist vorbildliche Deklamation in der Form des Singens. In diesen 20 Minuten wurde ein Bühnenleben zur Bühnenwahrheit."

Du lieber Himmel! Da werde ich rot!! Aber jetzt sagen Sie mir: Wieso hab ich so was Schönes wieder vergessen, warum weiß ich das nicht mehr?

Ein klassischer Fall von selektiver Wahrnehmung.

Das wird's sein, ja. Hm, der Löbl … der hat mich immer gemocht. Und wissen Sie, welche Stelle mir besonders gefällt: „Intelligenz mal Instinkt."

Wobei Sie selbst ja immer darauf abgehoben haben, daß für Sie der Instinkt wichtiger war als die Intelligenz. Sie sollen sogar gesagt haben, daß ein Sänger lieber ein bißchen doof sein soll als werweißwie intelligent.

So drastisch hab ich's sicher nicht gesagt, aber sinngemäß schon, das stimmt. Und es ist mir furchtbar übel genommen worden. Dabei hab ich damit nur zum Ausdruck bringen wollen, daß man als gestaltender Sänger nicht zu verkopft sein sollte. Denn wenn das Singen und die Darstellung nur vom Kopf her gesteuert wird, erreicht es nicht den Zuhörer. Das muß aus dem Instinkt kommen, aus dem Herzen und dem Gefühl. Daß man darüberhinaus noch etwas braucht, was man „Bühnen-Intelligenz" oder „musikalische Intelligenz" nennen könnte, das ist ganz klar. Aber das ist eine andere Art von Intelligenz als die der Intellektuellen.

„Bühnenleben und Bühnenwahrheit" – damit charakterisiert Löbl nicht nur Ihre Klytämnestra, sondern im Grunde auch Ihre gesamte Laufbahn.

Ja … das kam auch zum Ausdruck, wie er mich zu meinem 80. Geburtstag in Wien interviewt hat. Er ist ja einer der ganz wenigen aktiven Kritiker, die mich seit meinen Anfängen in Bayreuth kennen.

Jetzt würde mich interessieren, wie denn der allererste Auftritt in Wien war, nämlich der „Rosenkavalier" von 1948, damals noch im Theater an der Wien.

Ich weiß noch, daß ich damals mit einem ungeheuren Selbstbewußtsein aufgetreten bin als Octavian, so als wäre ich d e r Rosenkavalier der Nachkriegszeit. Dabei hab ich gar nicht gewußt, daß es hier eine Sena Jurinac gab, die wahrscheinlich um Klassen besser war als ich. Wie ich Ihnen schon sagte: Ich kannte mich gar nicht aus in der Opernwelt. Und was die Wiener Oper für ein herrliches Ensemble hatte, das hab ich erst gewußt, als ich dort war. Allein die Soprane: Reining, Welitsch, Schwarzkopf, Seefried, Güden … und die Konetzni, meine erste Marschallin.

Hilde oder Anny?

Hilde. Mit der Anny hab ich später in der „Elektra" gesungen, in Florenz.

Es heißt immer: Hilde war die Liebe und Anny die Ruppige.

Ach, die Anny konnte auch schon nett sein. Aber sie war eben sehr resolut. Ich weiß noch, wie sie bei der „Elektra" in Florenz mit dem Mitropoulos Streit angefangen hat – nicht wegen sich, sondern weil er den Mägden keinen Einsatz gab. Vielleicht hat sie damit auch etwas von ihren eigenen Problemen ablenken wollen, denn sie hatte zu diesem Zeitpunkt keinen hohen Ton mehr. Und wie das ist, das kann ich nur allzu gut nachfühlen!

1953 ihr „eigentlicher" Start in Wien, nämlich im hochdramatischen Fach: „Fidelio"-Premiere unter Furtwängler, „Walküre" neben der Rysanek, „Tristan" mit Max Lorenz …

Der Lorenz, ja. Mit dem hab ich oft gesungen, auch „Fidelio" und „Tannhäuser". Er hat mit einer Hingabe gesungen, das war einmalig. Und er war ein wunderbarer Mensch! Der Inbegriff des Gentleman, das männliche Gegenstück zur Begum.

126

Octavian, 1949

Als ich die Theaterzettel Ihrer Auftritte in Wien durchgegangen bin, stieß ich auf die Besetzung Mödl-Windgassen-Grümmer. Frage: Bei welchem Stück?

Keine Ahnung!

„Carmen" im Jahr 1953. Und noch 1960 gab es eine deutsche „Carmen" mit einer noch ungewöhnlicheren Besetzung: Mödl, Vickers, Stich-Randall, Berry.

Mit Vickers! Sehen Sie, das weiß ich alles nicht mehr. Aber es wird schon stimmen, wenn's dasteht. Ich weiß nur, daß ich in der Staatsoper noch ein paar Mal die Carmen und die Eboli gesungen habe, außerdem die Iocaste in „Oedipus Rex", im ersten Jahr unter Karajan, im zweiten unter Strawinsky.

Nach all dem, was man über die von Strawinsky geleitete Uraufführung von „Rake's Progress" weiß, dürfte sich die Frage, wer von beiden Dirigenten dem „Oedipus" eher gerecht wurde, erübrigen.

Komponisten sind selten die besten Dirigenten ihrer Werke, dafür gibt es etliche Beispiele. Trotzdem habe ich die Zusammenarbeit mit Strawinsky in sehr guter Erinnerung. Wir kannten uns schon von der „Oedipus"-Aufführung für den WDR, und wir sind jedesmal gut miteinander ausgekommen.

Fast 45 Jahre waren Sie in Wien: Von 1948 bis 1992, vom Oktavian bis zur „Pique Dame"-Gräfin.

Ja, die Wiener kennen mich in jedem Zustand, ob gut oder schlecht bei Stimme, schlank oder weniger schlank. In Wien war ich als Mezzosopran, als Wagnersängerin und als Charakterdarstellerin, mit kleinen und großen Rollen, mit Operette und mit Moderne. Drum ist Wien für mich auch bis heute ein ganz besonderes Kapitel meiner Geschichte. Und daß dieses Kapitel dann noch mit einer wunderbaren Serie von „Pique Dame" zuende gegangen ist – darüber freu ich mich noch heute! Besser hätte sich der Kreis gar nicht schließen können.

Die Scala, die Callas, die Met – Martha Mödl auf Reisen

Anfangs der 50er Jahre war Italien so etwas wie ein Wagner-Exil: Sobald man in Deutschland Erfolg mit Wagner hatte, war die nächste Station nicht London oder Paris, sondern Mailand, Neapel oder Rom. Ob Furtwängler, Knappertsbusch, Kleiber, Karajan oder Böhm – Sie alle reisten mit ihren Sängern quer durch Italien, und bald jedes Opernhaus hatte dort seine „Walküre" und seinen „Tristan".

Das kann ich aus eigener Erfahrung sagen, denn in Italien bin ich bald in jedem Opernhaus gewesen, und meistens mit Wagner. Ich habe auch oft überlegt, wieso sie ausgerechnet in Italien so viel Wagner gespielt haben – aber bis heute weiß ich nicht, warum.

Mit vier deutschsprachigen Produktionen waren Sie an der Scala: Erst „Parsifal" unter Furtwängler, dann „Fidelio", „Lohengrin" und „Walküre" unter Karajan. Über die Bedeutung beider Dirigenten in Ihrem Leben und Ihre Erfahrungen mit der Ortrud hatten wir schon gesprochen. Haben Sie sonst besondere Erinnerungen an die Aufführungen?

Etwas ist mir gerade eingefallen, weil Sie den „Fidelio" erwähnen – ein Detail, das zeigt, daß der Regisseur Karajan gar nicht so „traditionell" war wie immer behauptet wird. Und zwar hatte ich als Leonore unter der Mütze lange blonde Haare, und wenn dann der große Moment kam, wo die Leonore sich zu erkennen gibt: „Töt erst sein Weib!" – da hab ich mir die Mütze vom Kopf gerissen, und die langen blonden Haaren sind mir auf die Schultern gefallen. Das war doch ein ganz großartiger Einfall vom Karajan, gell?

Also war's nicht die Erfindung von Anja Silja, wie später oft behauptet wurde?

Nein, nein, das war '52, da war die Anja noch ein Kind.

Sie sind während Ihrer Zeit an der Scala der Callas begegnet?

Ja, wir hatten oft zur gleichen Zeit zu tun. Sie hat das italienische Fach gesungen mit ihrer Crew, und ich das deutsche. Und ich hab sie vier Jahre bei den Proben studieren können. Sie war noch kurzsichtiger als ich damals war, minus 14 hat sie gehabt und hat keine Haftschalen getragen – bitte, mit minus 14 ist man fast blind. Und Sie müssen sich vorstellen, sie hat gesungen, ohne den Dirigenten sehen zu können! Aber sie konnte es sich leisten, weil sie so musikalisch war, wie ich es bei keiner anderen Sängerin erlebt habe. Und genauso hab ich in keiner anderen eine solche Arbeiterin erlebt.
Nie werde ich diese Koloraturen vergessen, im „Norma"-Duett mit der Stignani: Das war so ungeheuer präzis, und dabei doch frei im Ausdruck.
Und was die Leut immer gesagt haben: „Tigerin" und so weiter, das hat mir der Callas, wie ich sie gekannt habe, nichts zu tun gehabt.
Allerdings konnte sie zur Tigerin werden, wenn ihre Kollegen nicht den gleichen Respekt vor der Musik gehabt haben wie sie. Ich hab da eine Episode erlebt mit ihr und dem Corelli, wo er einen hohen Ton ein bißchen länger gehalten hat – da hat sie sich aufgeregt und aufgeführt, das war fürchterlich.

Fidelio, Isolde, Brünnhilde und Kundry – die vier zentralen Rollen Ihres Lebens waren anfangs auch im Repertoire der Callas.

Das hab ich damals nicht gewußt, und heute, wo ich's weiß, interessiert es mich sehr, wie das wohl geklungen hat.

Es gibt ja zwei Versionen von Isoldes „Liebestod" und einen kompletten „Parsifal" mit der Callas.

Da muß ich Ihnen zu meiner Schande gestehen, daß ich diese Aufnahmen nicht kenne. Aber ich werde sie hören!

Noch eine Parallele gibt es: Ihre „besten Jahre", 1950–55, waren auch die besten der Callas.

Ja, aber sie war gut zehn Jahre jünger. Und daß ihre Stimme schon so früh nachgelassen hat – ich habe mich oft gefragt, ob das bei ihr mit dem radikalen Abnehmen zu tun hatte. Denn ich habe sie noch in der Zeit davor erlebt; da hatte sie eine junonische Figur – nicht dick! Das war alles gut proportioniert. Ein Jahr später kam ich zurück an die Scala; mein erster Weg war immer hinter die Bühne – und da steht in einiger Entfernung eine Balletteuse mit einem Dreiviertel-Tutu und einem weißen Rosenkranz. Sehr groß und sehr gut aussehend. Und ich war ja auch sehr kurzsichtig, und wie ich noch überlege, wer das sein könnte, kommt sie auf mich zu und begrüßt mich. Erst da sehe ich, daß es die Callas ist. Hatte 80 Pfund abgenommen gehabt und sah blendend aus. Ich meine, diese Fotos, wo man immer eine lange Nase sieht – die werden der Callas nicht gerecht. Sie hatte wunderschöne Haare und wunderschöne Augen – kurzsichtige –, und ein schönes Gesicht. Und natürlich war sie stolz, daß es ihr geglückt war, so schlank zu werden. Aber ich denke, dieses Abnehmen war der Anfang von ihrem Ende.

Wie geht denn das auf die Stimme?

Darüber habe ich mal mit dem Professor Zimmermann gesprochen, einem berühmten Sängerarzt, dem ich sehr viel verdanke. Der hat mir das ganz genau erklärt: Es ist nicht, daß man weniger Kraft hätte durch das Abnehmen. Aber es kommt zwangsläufig zu einer Veränderung im Hormonsystem. Und diese Veränderung wirkt sich negativ auf die Stimme aus.

Im Fall Callas gibt es da noch eine andere Theorie: Daß ihr Niedergang begann, als sie Onassis kennenlernte.

Da bin ich nie dahintergekommen, was sie ausgerechnet an dem gefunden hat.

Ihr Typ wär's jedenfalls nicht gewesen?

Gott im Himmel, nein! Den hätten S' mir schenken können!

Isolde an der Met, 1957

Wer wäre denn *ihr* Fall gewesen?

Sie werden jetzt furchtbar lachen: Rudolf Prack. Nicht als Schauspieler – privat! Vom Aussehen her, aber auch von seiner ganzen Art.

Zurück zur Callas: Ob das Singen, das Abnehmen oder die Kleidung – alles, was sie tat, schien sie mit einer Intensität zu tun, die an Besessenheit grenzte.

Ich hatte immer das Gefühl, daß Sie mit allem, was sie tat, die Welt verändern wollte.

Etwas verändern … gibt es oder gab es so etwas auch im Leben der Martha Mödl?

Mein ganzes Leben lang wollt ich was ändern, so vieles! Zum Beispiel wollte ich immer perfekt Fremdsprachen sprechen können – das ist mir nicht geglückt, bei Gott nicht. Dann wollte ich auch immer abnehmen, so wie die Callas – nur hab ich's nicht so fertiggebracht. Und dann war da etwas, was ich beim besten Willen nicht ändern konnte: Ich wollte immer größer sein.

Wie groß sind Sie?

Laut meinem Paß war ich früher 1,68. Und im Alter schrumpft man ja etwas ein. Aber mein Glück war, daß Varnay und Nilsson ungefähr so groß waren wie ich. Da mußte ich mir nicht klein vorkommen. Heute sind die Kollegen um so vieles größer, da würde ich ernsthafte Schwierigkeiten haben, das hochdamatische Fach zu singen.

Kommen wir zu Ihrer Zeit an der Metropolitan: Da gibt es den oft zitierten Satz, Martha Mödl sei „die erfolgreichste Isolde in der Geschichte der Met". In diesem Zuammenhang fällt mir eine Episode ein, die Birgit Nilsson immer wieder erzählt hat: Die Nilsson hatte ihr Debüt an der Met, und zwar als Isolde; die Sängerin der Brangäne, Irene Dalis, hatte ihr bei den Proben gesagt, daß es nach der großen Erzählung der Isolde im ersten Akt bei Martha Mödl immer spontanen Applaus gegeben hat. Als nun die Nilsson

Martha Mödl mit Moritz, New York 1958

an diese Stelle kam, rührte sich keine Hand; wohl hat das Publikum zum Schluß wer weiß wie gejubelt, doch in diesem Moment dachte die Nilsson, sie hätte versagt!

Na, die wird eingeschlagen haben wie eine Bombe! Ich hab's ja selber erlebt in Bayreuth. Aber an diesen Szenenapplaus bei meiner Isolde kann ich mich beim besten Willen nicht erinnern. Da sehen Sie, wie zuverlässig mein Gedächtnis ist!

– oder wie sehr Sie das Positive verdrängt haben. Dafür erinnern Sie sich an die Geschichte mit dem alten Kavalleriegaul.

Der Moritz! Der war damals schon steinalt, wahrscheinlich genauso alt wie die Wagner-Inszenierungen der Metropolitan. Was aber den Vorteil hatte, daß er ganz friedlich war. Der hat alles mit sich machen lassen, nur bei hohen Tönen hat er so mit den Ohren gewackelt, das hat dem nicht gefallen. Und dann steht doch in der Partitur: „Brünnhilde schwingt sich auf ihr Roß und stürzt sich in die Flammen" – Von wegen! Zu zweit haben wir ihn auf seinen Filzlatschen hinausschieben müssen.

Und wie waren die Met-Inszenierungen sonst?

Ein einziger Witz. Das fing schon bei den Kostümen und Perücken an. Ich hatte zum Glück meine Sachen dabei, die ich in Wielands Inszenierungen getragen habe, und die habe ich auch angezogen. Aber der Windgassen hat alles angezogen, was man ihm hingelegt hat. Wie ich ihn zum ersten Mal als Jung-Siegfried gesehen hab, hab ich einen Lachanfall bekommen. Er war doch nun wirklich ein stattliches Mannsbild, aber mit der blondgelockten Perücke und dem Fell hat er ausgeschaut wie ein Marzipanschwein!
Oder der Auftritt der Gutrune in „Götterdämmerung". Die mußte sich auf einen riesigen Präsentierteller setzen, und dann wurde sie von vier oder sechs Mannen hochgestemmt und hinausgetragen – und das war die damals sehr üppige Marianne Schech. Zum Brüllen komisch!

Wie kam es eigentlich zum Engagement an die Met?

Das kam über Mailand, über Otto Müller. Einer von Müllers Freunden war Roberto Bauer, und der wiederum war der Mailänder Kontaktmann von Rudolf Bing, dem Intendanten der Met. Jedenfalls hat Bauer alle großen Sänger von Mailand an die Met gebracht. Drei Spielzeiten hintereinander war ich dort: 1957/58, 58/59 und 59/60, als Isolde, Brünnhilde und Kundry. Und jeweils 10 bis 12 Wochen.

Haben Sie sich in New York wohlgefühlt?

Nur auf der Bühne. Die alte Met hatte die herrlichste Akustik, die man sich überhaupt vorstellen kann; selbst das feinste Piano hat man noch in der letzten Reihe hören können.
Aber privat habe ich mich gar nicht wohlgefühlt; ich kam mir vor wie auf einer einsamen Insel, die in fünf Minuten untergeht.

Da können 10 bis 12 Wochen schon endlos lang werden.

Weiß Gott! Manchmal ist eine Woche vergangen, bis man wieder etwas zu singen hatte. Dazwischen bin ich tagelang im Hotel gesessen, nur zum Einkaufen bin ich raus. Das war zwar ein schönes Schweizer Hotel, aber es lag an der Ostseite vom Central Park, und das war damals wirklich keine gute Lage. Gleich mit der Straße dahinter begann eine ganz üble Gegend – so dreckig, daß ich immer nur in Schuhen ausgegangen bin, die vorn geschlossen waren. In meinem Appartement hatte ich eine kleine Küche, also bin ich jeden Tag einkaufen gegangen. Doch egal, was ich in den Kochtopf oder in die Pfanne geworfen habe – es hat immer gleich geschmeckt. Also, Kochen ist nun wirklich nicht meine Stärke. Ansonsten saß ich vorm Fernseher. Ich glaube, so viele Comics wie damals hab ich in meinem ganzen Leben nicht mehr gesehen.

Und das sogenannte „gesellschaftliche Leben"?

Hat mich nie gereizt. Diese Stehparties fand ich immer gräßlich. Überhaupt hat mir diese ganze amerikanische Mentalität nicht zugesagt. Statt auf diese Parties zu gehen, habe ich mich lieber an meine Kollegen gehalten und bin öfters mit Hermann Uhde und seiner Frau zusammengewesen.

Auch wenn Sie sich in New York nicht wohlgefühlt haben, wundert es mich doch, daß Sie später nie zurückgekommen sind – beispielsweise als Klytämnestra.

Es ist kein Angebot mehr gekommen. Und für die Klytämnestra hatte man an der Met eine erstklassige Besetzung, das war die Resnik. Nein, wenn man mich gefragt hätte, hätte ich bestimmt zugesagt, trotz allem.

Waren Sie noch an anderen amerikanischen Opernhäusern?

In Nordamerika nur an der Met. In Mittelamerika in Mexico City. Und in Südamerika in Buenos Aires. Das war's. In Asien war ich überhaupt nicht – hatte auch gar keine Sehnsucht danach!

Afrika?

Nur einmal: „Tristan" in Tunis, mit Ludwig Suthaus. Den Dirigenten weiß ich nicht mehr, aber ich erinnere mich, daß das dortige Orchester nicht nur mit einer Extragruppe von Bläsern verstärkt wurde, sondern auch noch mit einer Feuerwehrkapelle!

Und wie hat das geklungen?

Fürchterlich!!

Sie sagen immer, daß Sie gern fliegen. Aber eine Reise nach Buenos Aires, das war in den 50er Jahren sicher kein Vergnügen.

Es hat halt viel länger gedauert als heute. Nach Buenos Aires sind wir mit einer Propeller-Maschine geflogen. Fünf Zwischenlandungen, das Ganze dauerte 26 Stunden! Und neben mir saß Hans Beirer, der hat eine ungeheure Flugangst gehabt und ist die ganzen 26 Stunden total angespannt auf der äußersten Kante vom Sitz gesessen. Mir hat's damals nichts ausgemacht. Aber am liebsten war ich mit dem Zug unterwegs. Ich konnte im Zug auch gut schlafen. „Die Schlafwagensängerin" hat mich Werner Egk genannt.

Gab's da nicht eine Geschichte, daß Ihretwegen ein Zug außerplanmäßig gehalten hat?

Das war der „Mediolanum", damals der schnellste Zug Europas. Und zwar mußte ich von einer „Elektra"-Probe in Turin zu einer „Lulu"-Vorstellung nach Wien. Eine passende Flugverbindung gab es nicht, und so bin ich mit dem Schnellzug nach München, und von München mit dem Flugzeug nach Wien. Nun war aber zwischen der Ankunft

Zurück von der Met: Erich Kunz, Martha Mödl, Paul Schöffler und Anton Dermota am Frankfurter Flughafen, 1957

des Zuges und dem Abflug nur eine halbe Stunde Zeit, und da haben die mir zuliebe den Zug in einem Münchner Vorort gestoppt. Ich seh das noch wie heute: Ich bin von zwei Männern aus dem Zug geleitet worden, und draußen hat der Taxifahrer gewartet, ein großer Mann in einer schwarzen Lederjacke – und die im Zug haben gedacht, ich sei verhaftet worden!

Aber daß Sie bei all Ihren Reisen kaum aus dem Hotel gekommen sind und fast nichts gesehen haben – irgendwie tut mir das leid.

Ach, das muß es nicht. Wenn ich's anders gewollt hätte, wäre ich auch mehr rausgegangen. Aber da hab ich's gehalten wie die Flagstad. Die wollte zwischen den Vorstellungen auch ihre Ruhe haben und hat für ihre Kinder und Enkel gestrickt. Bloß daß ich statt Stricken lieber vorm Fernseher gesessen bin.

Dieses Familienleben, das eine Flagstad, ein Suthaus oder ein Schock hatten – haben Sie das manchmal vermißt?

Ich weiß nicht. Die Geborgenheit in einer großen Familie, die hätte ich mir manchmal schon gewünscht. Aber ich bin fest überzeugt, daß bei mir beides nicht gegangen wäre. Entweder Familie oder Beruf. Überhaupt ist es mir in all den Jahren nicht gelungen, Bühne und Privatleben zu vereinen. Wie ich schon sagte: Das ist ein Kapitel für sich.

Bühne und Privatleben

Was das Thema „Beziehungen" betrifft, da habe ich oft an eine Passage aus meinem Interview mit Moje Forbach denken müssen: „Ich kannte die Mödl ja schon aus der Nachkriegszeit in Düsseldorf. Damals hab ich gedacht: *der* geht's gut! Die hatte einen Freund und der hatte auch noch ein Auto!"

(lacht) Ja, Freunde hab ich viele gehabt … Aber nie ein Auto (hab ja gar keinen Führerschein). Und auch nie eine richtige Beziehung. Das hat nicht geklappt.

Warum nicht?

Da gibt es viele Gründe. Ein Grund war sicher, daß ich nur auf der Bühne was zu bieten habe. Privat bin ich ein Blindgänger.

Das glaube ich nicht!

Das ist kein „fishing for compliments", sondern die Wahrheit! Ich könnte jetzt allerhand Männer aufzählen, die, sobald sie mich auf der Bühne erlebten, maßlos von mir angezogen waren und sich wer weiß was erwartet haben. Und sobald sie mich privat kennenlernten, haben sie sich zurückgezogen. Sofort! Manchmal war das mein Glück, aber oft hat es sehr weh getan.

Wie sind Sie mit solchen Erfahrungen umgegangen?

Ich hab lernen müssen, mich zu schützen. Ich habe nie meinen Schmerz gezeigt, ich wollte mich nicht gehen lassen. Und vielleicht habe ich mich so sehr geschützt, daß ich ab einem gewissen Zeitpunkt kaum jemanden in mein Inneres hab schauen lassen – um nicht wieder verletzt zu werden.
Den Männern, mit denen es leider nichts wurde, bin ich meistens eine gute Freundin geworden. Und ich kann niemandem einen

Vorwurf machen; denn im Grunde haben sie ja denselben Fehler gemacht wie ich: Die Figur auf der Bühne mit der Privatperson verwechselt.

Daß heißt, Sie wollten lieber die große dramatische Leidenschaft, die Sie von der Bühne her kannten, als das kleine häusliche Glück?

Ehrlich gesagt: Ja. Diese großen Gefühle, die ich auf der Bühne erleben konnte, die hätte ich gern auch im Privatleben gehabt. Der einzige, der das ganz genau gespürt hat, war der Wieland. Nach einer „Tristan"-Probe hat er mal gesagt: „Sie verwechseln den Privatmenschen mit der Figur im Stück; Sie suchen eine Beziehung, die Sie nur auf der Bühne haben können, nie aber im Privatleben." Und damit hatte er vollkommen recht.

Immerhin hätte es ja jemanden geben können, mit dem es gegangen wäre.

Theoretisch ja. Aber praktisch nein. Denn so sehr ich mich sonst auch auf meinen Instinkt verlassen konnte – in dieser Beziehung habe ich nur Fehler gemacht. Das hat einmal die Silja gesagt: „Du hast wirklich ein Talent, Dir immer die Verkehrten auszusuchen!" Und die, die's gut mit mir gemeint haben, die habe ich übersehen. Komisch, daß ich das nicht mitkriege, wo ich mir einbilde, sonst einen siebten Sinn für Menschen zu haben.
Heute, mit 86 Jahren, bin ich zu der Einsicht gekommen, daß beides, Beruf und Privatleben, bei mir nicht gegangen wäre – selbst mit dem „Richtigen" nicht. Es war ein Entweder-Oder. Ich glaube, jeder Mensch kommt mit einer Lochkarte auf die Welt, auf der schon alles festgelegt ist. Und bei mir hat draufgestanden: Zuerst kommt der Beruf! Denn schauen Sie: Immer, wenn ich bei einer Beziehungsgeschichte dachte: „Jetzt hab ich's geschafft, jetzt wird's was!", wurde es immer gleich abgedreht, so radikal abgedreht, als wollte es das Schicksal nicht zulassen, daß ich von meinem Beruf wegkomme. Und heute muß ich sagen: Es war wahrscheinlich gut so.

Mutter und Puffmutter:
Das Charakterfach

Der nächste wichtige Wendepunkt im Leben der Martha Mödl ist der Beginn der Spielzeit 1963: Allmählicher Abschied von den hochdramatischen Partien, Hinwendung zum sogenannten Charakterfach. Von der Brünnhilde zur Waltraute, von der Isolde zur Klytämnestra – ich kann mir nicht vorstellen, daß das einfach war.

Anfangs war ich hin und wieder traurig, das muß ich sagen. Aber das hat sich dann verloren mit der Zeit. Und letztlich ist mir der Abschied von den hochdramatischen Rollen nicht so schwer gefallen, weil er nicht abrupt und ungewollt kam; sondern ich hab mich beizeiten darauf vorbereiten können. Und rückblickend habe ich oft gedacht: Wie schlimm muß es sein, wenn man aus dem Vollbesitz der Stimme plötzlich in eine Krise stürzt. Oder wenn man eine Pause macht und danach den Weg zur Bühne nicht mehr zurückfindet. So wie die Callas. Die ist ja letztlich daran zugrunde gegangen.

Die erste große Aufgabe im Charakterfach war die Amme („Die Frau ohne Schatten"), 1963 in München. Wieder eine Wiedereröffnung …

Jaja, die „Wiedereröffnungs-Jule" hat man mich genannt. Erst '51 in Bayreuth, dann '55 in Wien und schließlich '63 in München.

„Die Frau ohne Schatten" hat in den 60er und 70er Jahren eine regelrechte Wiederbelebung an allen großen Opernhäusern erfahren – trotzdem haben Sie die Amme nur in zwei Produktionen gesungen.

Sehen Sie, die Amme ist ein ganzer Sonderfall. Die kann man als ehemalige Hochdramatische nicht einfach so singen wie eine Klytämnestra. Das ist eine ganz heikle Partie, und das Schwierige ist wieder einmal die Übergangslage. Zumindest war das bei mir das Schwierige. Ich glaube, eher hätte ich in dieser Zeit noch eine „Götter-

Als Küsterin in
Janáčeks „Jenufa"
(Wien 1964)

„all die Menschwerdungen, die sie gelingen ließ, all die Menscherschaffungen, die ihr gelungen sind, dürften zur Voraussetzung gehabt haben die hohe Kunst, mit einem inneren Auge, einem inneren Blick in die eigenen Abgründe und auf den Grund des Herzens hinab das zu leisten, was in der Psychologie der Sinneswahrnehmungen Gestaltsehen oder Gestalt-erkennen heißt: vom Körper und von der Stimme reproduzierbare innere Bilder sich entwickeln zu lassen, seelische Vorgänge und Erscheinungen vor dem geistigen Auge ihre *Gestalt annehmen zu sehen …*
in seinem essay ‚Probleme der Lyrik' macht sich Gottfried Benn über Pseudopoesie dieses Jahrhunderts lustig, ‚bei den Müttern, diesem beliebten deutschen Aufenthaltsort' – das kann einen nicht hindern, über Martha Mödls Stimme zu spekulieren, daß nicht nur aus der Tiefe des Herzens sie kommt; sondern, gestimmt auf den Erdton, aus den Urtiefen der Mütter."

Aus einem Essay von Julian Schutting zum 80. Geburtstag von Martha Mödl
(Die Bühne, März 1992)

dämmerung" singen können, denn die hatte ich sozusagen im Körper
fest programmiert.

Von der „Frau ohne Schatten" gibt's einen Mitschnitt, der inzwischen auch
auf CD herausgekommen ist.

Damit lassen S' mich bitte in Ruhe, denn da habe ich mich neulich
genug geärgert, als ich mir die CD angehört habe. Ich konnte kaum
einschlafen, so wütend war ich.

Wieso, was ist an der Aufnahme so schlimm?

Irgendwie hatte ich in Erinnerung, daß ich zu dieser Zeit nicht so
genau wußte, welchen Weg meine Stimme nimmt. Denn das war
genau die Übergangszeit vom hochdramatischen zum Charakterfach.
Und leider klingt es genauso, wie ich befürchtet hatte. Eben unsicher.
Diese Unsicherheit war auch der Grund, warum ich die Amme bald
wieder abgegeben habe.

Und wie war das bei der Küsterin in Janáčeks „Jenufa"?

Auch die habe ich wieder abgegeben – schweren Herzens, denn
erstens ist es eine Figur, die mir sehr am Herzen liegt: Eine liebende
Mutter mit verletzter Seele. Und außerdem war's eine wunderbare
Inszenierung von Otto Schenk, noch dazu mit Sena Jurinac in der
Titelrolle.

Dafür gehört die Klytämnestra zu Ihren größten Erfolgen überhaupt. „Ein
Erlebnis, das man eigentlich nur von Callas-Aufführungen kennt", schrieb
Harold Rosenthal, der Gründer und Herausgeber der renommierten
„Opera".

Wissen Sie, warum mich der Vergleich mit der Callas so freut? Nicht
wegen des großen Namens, sondern weil man bei der Callas immer
– ganz gleich, bei welcher Rolle – auch die verletzte Seele einer Figur
gespürt hat. Und ich finde, daß man auch bei der Klytämnestra
spüren sollte, daß sie eine verletzte Seele hat.

THEATER IN DER JOSEFSTADT

Wien, 21. März 1997

Frau
Kammersängerin
Martha Mödl
Perlacher Straße 19
D-8022 M ü n c h e n - Grünwald

Geliebte Martha,

zu Deinem Fest küsse ich Dich in alter, großer Ver-
ehrung und gedenke der vielen Tränen, die ich noch
im Theater an der Wien bei Deiner Isolde weinen mußte.
Ich vergesse nie, mit welcher geliebten Ruhe Du Dich
zu Deinem Tristan sterben legtest. Abgesehen von Deiner Prachtstimme - und daß man jedes Wort dieses herrlichen Textes verstand (ich glaube, Du warst die einzige Isolde, die das zustandegebracht hat) - war das
eine schauspielerische Leistung, die ich mir von meinen Schauspielern in dieser Qualität immer wünsche.
Daß ich mit Dir zusammenarbeiten durfte, gehört zu
den großen Freuden meiner Opernzeit.

Ich wünsche Dir Humor, Glück und Gesundheit - und bleib
noch lang, lang in unseren Mitten. Im Herzen bist Du
ja sowieso ganz fest verankert.

Es umarmt Dich

Dein

Otto Schenk

Sie ist ja auch nicht das Monstrum, zu dem sie oft degradiert wird.
Und ich denke, so wie sie die Frauenfiguren Wagners vom Klischee der
„Heroine" befreit haben, so haben Sie der Klytämnestra die Menschlichkeit
zurückgeben.

Als ich sie zum ersten Mal in München singen sollte, hat Keilberth
zu mir gesagt: „Nie werde ich dir die Klytämnestra abnehmen, denn
für mich bist du immer die große Liebende!"
Aber dann hat es ihn doch überzeugt, gerade weil er ganz im Hinter-
grund noch die „große Liebende" gehört hat … Für mich ist Klytämnestra in erster Linie eine verletzte Mutter. Sie ist nicht im politischen
Sinne böse. Wie auch immer man sie sehen mag: Für meine Begriffe
sollte sie mehr Mitleid erregen als Grauen.

Als Klytämnestra waren Sie genauso unterwegs wie vorher als Wagnersängerin:
Zuerst Salzburg/Karajan, dann Stuttgart/Böhm (später auch unter Carlos
Kleiber), Rom/Dorati, München/Keilberth, Berlin/Maazel … Außerdem
Produktionen in Hamburg, London, Turin, Lissabon, Mexico-City und –
Ost-Berlin! Regie: Ruth Berghaus. Welche Erinnerungen haben Sie an diese
Aufführung?

Was die Arbeit betrifft, sehr gute. Ruth Berghaus war eine Meisterin
der Einzel-Unterweisung; selten habe ich einen Regisseur erlebt,
der einem so genau gesagt hat, was man im Einzelnen zu tun hat.
Und in der Wirkung war's so stark, daß ich manche Details dieser
Aufführung nie vergessen werde.

Wie war damals die Atmosphäre in Ost-Berlin?

Mein Gott! Wenn ich nur an den Grenzübergang an der Friedrich-
straße denke. Daß ich da überhaupt lebendig rausgekommen bin!

Was war passiert?

Also, ich stand da mit meinem Koffer in diesem gekachelten Raum;
hinter mir lauter verängstigte Menschen an der Wand. Und vor
mir ein junger Schnösel, vielleicht gerade mal 20 Jahre alt, der mit

„Elektra",
Ost-Berlin 1967
(Regie: Ruth
Berghaus)

„Liebe, verehrte Martha Mödl,
meinen herzlichen Glückwunsch zum Kulturpreis. Sie sind eine große Künstlerin, die
nicht nur ihre Qualitäten auf der Bühne hat, sondern auch große menschliche Eigen-
schaften, die helfen, einen Theaterabend zu dem zu machen, was er sein soll. Ihre
Aufgeschlossenheit für realistische Opernarbeit ist enorm. Sie paart sich mit Disziplin,
Strenge und Humor. Sie waren bei meiner ‚Elektra'-Inszenierung eine Sängerin, die
sich konsequent und kompromißlos für eine damals ungewöhnliche Aufführung einsetzte.
Sie sind Vorbild für viele von uns. Ich danke Ihnen ganz herzlichst.

Ruth Berghaus"

Öffentlicher Brief nach der Verleihung des Nürnberger Kulturpreises an
Martha Mödl, Oktober 1973

Klytämnestra, London 1966 …

„*The great feature of this revival was Martha Mödl's shattering Clytemnestra – a truly great piece of singing-acting that can rarely have been equalled … Her powerful personality, wonderful diction, use of tone colour, and her complete abandonment to the role made this the same kind of experience as one used to have from a Callas performance.*"

Harold Rosenthal in „Opera", May 1966

... und an der Deutschen Oper Berlin 1973

geschultertem Gewehr auf und ab maschierte und sich wahnsinnig wichtig vorkam. Irgendwann hab ich das ewige Warten satt gehabt, hab die Stimme erhoben und gesagt: „Wie wär's, wenn Sie uns jetzt hier rauslassen!" Da hat der Bursche gleich sein Gewehr genommen und auf mich gezielt. Draufhin hab ich den angebrüllt, in vollster Lautstärke, daß er vor Schreck fast das Gewehr hat fallen lassen. Ich koche sehr langsam, aber wenn ich explodiere, dann ist's wirklich arg! Und in dem gekachelten Raum hat's bestimmt noch dreimal so laut geklungen. Jedenfalls sind die Leute buchstäblich erstarrt. Aber es hat gewirkt, ich habe denen meinen Visum unter die Nase gehalten und war sofort draußen.

Und Ihre Erinnerungen an die „Elektra" in West-Berlin?

Das war eine gute Inszenierung vom Ernst Schröder, in der ich mich sehr wohl gefühlt habe. Am Pult Lorin Maazel. Beide waren sehr, sehr nett zu mir. Die Elektra war Ursula Schröder-Feinen: Der seltene Fall einer Stimme, die eine unglaubliche Kraft und Lautstärke hatte und die einen zugleich angerührt und verzaubert hat. Dazu die Rysanek als Chrysothemis – da können Sie sich ungefähr vorstellen, wie aufregend das war.

Auf die Klytämnestra folgt ja fast automatisch die Herodias, und so war das auch bei Ihnen.

Tja, leider! Denn das ist nun wirklich eine Rolle, die ich nicht leiden kann! Genauso die Kabanicha in „Katja Kabanova". Das sind zwei Figuren, die völlig eindimensional sind und die mich überhaupt nicht gereizt haben. Daß ich sie trotzdem gesungen habe, war ein Irrtum.

Und die Gräfin Geschwitz in „Lulu", konnten Sie sich mit dieser Partie identifizieren?

Nicht restlos. Ich habe mit Homosexualität überhaupt keine Schwierigkeiten, wirklich nicht! Und ich weiß: Von allen Figuren im Stück liebt die Geschwitz die Lulu am meisten; es ist eine große, ehrliche Liebe. Aber das glaubhaft darzustellen, damit hab ich mich manchmal schwer

Gräfin Geschwitz in „Lulu", Deutsche Oper Berlin 1970

getan. Und wenn es brenzlig wurde (von den Regieanweisungen her, meine ich), dann hab ich mir eben vorgestellt, die Lulu wäre ein Mann. Natürlich ist mir klar, daß das nicht ganz professionell ist. Denn schließlich kommt es beim Theater darauf an, daß man sein eigenes Ich völlig vergessen kann um sich ganz und gar der Darstellung zu widmen.

Eines meiner großen Versäumnisse ist, daß ich Sie nie als Witwe Begbick gesehen habe. Es gibt da ein herrliches Foto von Ihrem Rollendebüt in Frankfurt: die eine Hand derb in die Hüfte gestemmt, die andere in einen Gummibaum verkrallt. Die Mödl als Kriminelle, als Puffmutter und Schlampe – wollten Sie mit dieser Partie einen bewußten Kontrast schaffen zum Bild der „verletzten Seele"?

Die Rolle hat mich gereizt, weil es ein ganz differenzierter Charakter ist, viel differenzierter als die Jenny. Natürlich ist die Begbick alles das, was Sie sagen – aber nur ordinär oder nur kriminell, das wäre in diesem Fall zu einseitig. Auch die Begbick hat tief im Innern etwas Verletzliches und auch etwas Gutes. Da liegen Gut und Böse nah beieinander. Und das rauszubringen, das hat mich gereizt.

In zwölf verschiedenen Inszenierungen haben Sie die Begbick gesungen; gibt es welche, die Ihnen besonders in Erinnerung geblieben sind?

Erst einmal die von Harry Buckwitz in Frankfurt. Da habe ich besonders eine Szene vor Augen: Buckwitz probte und probte und hörte überhaupt nicht mehr auf. Bis sich ein hochgewachsener Chorsänger meldete und sagte: „Herr Doktor, ich unterbreche nicht gerne, aber wir können weder die Spannung noch das Wasser länger halten!"
Dann erinnere ich mich noch genau an Rennerts Inszenierung in Stuttgart: Die war für manche vielleicht ein bißchen zu Revue-haft, aber sie hatte große Momente. Und es war eine großartige Besetzung: Anja Silja als Jenny und Gerhard Stolze als Jim – der mit seinem sogenannten „Sprechgesang" viel mehr aus der Figur herausgebracht hat als andere, die das vielleicht schöner gesungen haben.

Witwe Begbick in „Mahagonny", Stuttgart 1967

Und noch eine fand ich sehr gut, nämlich die in Brüssel: Im Gegensatz zu Stuttgart war das eine ganz reduzierte Inszenierung; nur Tische und Stühle, sonst nichts.

Wie war die Geschichte mit dem Lachkrampf im Auto?

Ach Gott, das war bei „Mahagonny" in Köln. Da hatten wir für die erste Szene einen Lastwagen mit Plane. Dieser Lastwagen war eines Abends nicht da, und statt dessen hat ein Bühnenarbeiter seinen Fiat Topolino zur Verfügung gestellt. Das ist ja ein Kleinwagen, im wahrsten Sinne des Wortes, in den haben wir uns zu dritt hineingequetscht und die Beine aus den Fenstern hängen lassen. Ich habe zwar keine Ahnung von Autos, aber nun weiß sogar ich, daß bei diesem Fiat der Motor hinten ist, vorne ist der Kofferraum. Und was macht der Sänger vom Dreieinigkeits-Moses? Macht *vorne* die Haube auf (so wie er's beim Lastwagen gewöhnt war) und singt: „Aber der Wagen ist kaputt!" In dem Moment war's aus, ich hab vor Lachen nicht weiter können.

Wie ist es mit dem entgegengesetzten Fall: Wenn man sich vor lauter Identifikation mit einer tragischen Figur derart hineinsteigert, daß man weinen muß?

Es gibt eine alte Theaterregel: Wenn man sich in seine Rolle so hineinwirft, daß man sich nur noch in Gefühlen wälzt und nicht mehr drübersteht – das kommt nicht über die Rampe! Eine gewisse – ich will nicht sagen: Routine –, aber eine gewisse Distanz zur Rolle gehört mit dazu. Es hat Kollegen gegeben, die haben, während sie gesungen haben, registriert, daß in der dritten Reihe ein Platz frei ist – und haben im selben Augenblick doch so intensiv ihre Rolle gestaltet, daß es den Zuschauer gepackt hat.

Kriegt man denn als Sänger überhaupt mit, wann und womit man sein Publikum erreicht?

Also, ich spüre das schon. Da gibt es Abende, da kann man geben noch und noch – und es passiert gar nichts. Man merkt es an bestimmten Stellen, das ist wie eine Kälte, die da raufkommt. Und an anderen Abenden ist der Kontakt sofort da. Woran das liegt, weiß ich nicht. Bis heute hat noch niemand rausgebracht, was passiert, wenn zwei Menschen – in diesem Fall Sänger und Zuhörer – aufeinander losgelassen werden. Vielleicht ist das auch gut so, und ich denke, man sollte auch nicht daran rühren.

Ausflüge: Lieder, Operette, Schauspiel

Unlängst sind zwei CDs herausgekommen, die eine völlig ungewohnte Facette der Martha Mödl zeigt: Die Liedersängerin.

Also, diese Liederabende, die ich gemacht habe, die rangieren bei mir unter „Abstecher" oder „Ausflüge". Ich hab's eine Weile ganz gern gemacht – und hab's dann auch wieder gelassen. Denn eigentlich war das Lied bei mir immer ein Stiefkind. Ich hatte nicht die Stimme, um eine wirkliche große Liedsängerin zu sein. Dafür braucht man eine besondere Geschmeidigkeit, um die ganz kleinen Feinheiten zu bringen. Diese Flexibilität finden Sie aber selten bei Wagnersängern; Wagner braucht eine ganz andere Art des Singens. Und eine alternde Stimme, die schon einige Jahre mit Wagner hinter sich hat, ist für den Liedgesang einfach nicht mehr flexibel genug.
Außerdem braucht man für den Liedgesang eine andere Art von Ausdruck. Ich hatte doch eher einen Bühnen-Ausdruck, und das hört man bei diesen Liederabenden.

Das klingt mir jetzt wieder etwas zu negativ; denn irgendeinen Grund wird es ja gegeben haben, daß Sie sogar eine Tournee mit Liederabenden gemacht haben.

Bis nach Skandinavien und in die damalige CSSR. Nun ja – wenn es denn soweit war und ich die Lieder erstmal gelernt hatte, dann habe ich sie auch gerne gesungen, trotz Einschränkungen und Bedenken. Und ich brauchte für alles, von dem ich nicht restlos überzeugt war, immer einen Anstoß. Der kam in diesem Fall von dem Pianisten Frederic Marvin und seinem Freund Ernst Schuh (beide leben heute in New York). Die beiden haben mir zugeredet, und sie haben dann auch die Tournee organisiert. Und diese CDs, die da jetzt herausgekommen sind, die haben schon ein paar gute Momente – aber ganz identifizieren kann ich mich damit nicht.

Und wie ist das mit Ihren Operetten-Aufnahmen? Hat Karl Elmendorff vielleicht doch nicht ganz unrecht gehabt, als er in Ihnen die Komikerin sah?

Ich weiß nicht, ob ich eine besondere Begabung für solche Rollen habe. Aber ich denke, jeder, der gut in tragischen Rollen ist, kann in komischen gar nicht so schlecht sein.

Hatte das bei Ihnen auch mit einer ironische Distanz zum eigenen Image zu tun?

Vielleicht, ja. Denn wenn ich ehrlich bin: Auch mit den komischen Rollen kann ich mich nicht völlig identifizieren.

Aber Sie hatten Freude daran?

Teils, teils. Erstmal hängt es sehr vom Regisseur ab. Wenn ich einen Otto Schenk hatte, dann hat es richtig Spaß gemacht. Da kam man manchmal aus dem Lachen nicht mehr heraus, so lustig war's, wenn er Regie geführt hat.
Zweitens kommt es natürlich auch auf das Stück und auf die Rolle an. Zum Beispiel habe ich bei der „Wildschütz"-Gräfin immer großen Spaß gehabt: Wenn sie da mit großer Allüre und voll Pathos griechische Literatur zitiert – so was hat mir gefallen! Und wenn's dann noch ein großer Regisseur gemacht hat wie Hans Neugebauer in Köln, dann hab ich's wirklich gern gemacht.
Aber die – wie heißt noch die Mutter in der „Verkauften Braut"? – solche Sachen hab ich nicht so sehr leiden können.

Und wie war das bei den Operetten-Filmen?

Das kam ganz auf die Umstände an: Solange wir im Studio die Musik aufgenommen haben, war alles noch ganz angenehm, aber wenn wir dann zu den Film-Aufnahmen antreten mußten – fragen Sie nicht, wo die uns überall hingejagt haben! Für den „Zigeunerbaron" zum Beispiel mußten wir in irgendein Nest in Jugoslawien, nahe der rumänischen Grenze. Da wohnten wir in einer Burg, die aus der Zeit von Maria Theresia stammte; anscheinend war seitdem dort nicht

Gräfin in Lortzings „Wildschütz", Deutsche Oper Berlin 1968

mehr geputzt worden. Und zu meinem Schrecken hat's da noch furchtbar viele Spinnen gegeben. Ich glaube, so viele Spinnen wie dort hab ich in meinem ganzen Leben nicht umgebracht!
Für eine andere Operette – ich weiß nicht mehr, für welche – waren wir in Taormina. Das war schon angenehmer.

„Bettelstudent", „Vogelhändler", „Zigeunerbaron", „Pariser Leben", „Banditen", „Piraten von Penzance", „Orpheus in der Unterwelt", „Fra Diavolo", „Wildschütz", „Die schweigsame Frau", „Gianni Schicchi" … lauter Facetten der Komödiantin Mödl. Aber eine fehlt: Quickly in „Falstaff".

Ach, die hätte mich nie gereizt. Für mich ist das keine abendfüllende Persönlichkeit, sondern nichts anderes als eine Stichwortgeberin. Wie die Emilia in „Otello", nur länger.

Finde ich gar nicht. Immerhin ist sie die Drahtzieherin.

Ja, und trotzdem ist sie als Charakter nicht greifbar. Für mich nicht. Spielen hätte ich's sicher können, aber irgendwo im Innern hat sich etwas dagegen gesträubt …

Bei Ihrer darstellerischen Wandlungsfähigkeit – hätten Sie da nicht auch eine Karriere im Schauspiel machen können?

Darüber hatte ich einmal ein Gespräch mit Walter Erich Schäfer, das war ungefähr Mitte/Ende der 60er Jahre, und der hat mir damals gesagt: „Daß Sie genauso erfolgreich als Schauspielerin sind, das werden Sie nie erreichen. Nicht, daß Sie es nicht könnten; aber es geht nicht, daß eine Opernsängerin im Alter in diesem Metier wirklich Fuß faßt." Da hab ich gedacht: Nun ja, es gibt ja auch Ausnahmen, warum soll ich nicht eine Ausnahme sein. Was Schäfer meinte, daß habe ich erst viel später begriffen, als ich in Bad Gandersheim und Aachen Ausflüge ins Schauspiel gemacht habe.

Aber Sie hatten doch mit Lorcas „Bernarda Albas Haus" und mit den „Troerinnen" von Euripides großen Erfolg.

Ja, schon, und ich hätte es auch weitermachen können. Aber: Das waren beides Ausnahmen; denn sowohl bei der Bernarda wie auch bei der Hekuba ist die Sprache fast schon Musik – oder, besser gesagt: Die Sprache hat mich getragen wie Musik. Drum habe ich auch damit Erfolg gehabt. Aber unter einer wirklichen Schauspielerin verstehe ich, daß man a l l e s spielen kann, auch Boulevardtheater zum Beispiel. Und das hätte ich, glaube ich, nicht gekonnt. Da hat Schäfer ganz recht gehabt. Die einzige Ausnahme, die ich kenne, ist Ljuba Welitsch. Aber so eine Film-Karriere, wie sie eine hatte, die wäre mir wahrscheinlich nicht geglückt.

Immerhin gab es einen ersten Schritt: Man hatte Sie für die Mutter in Loriots „Ödipussi" vorgeschlagen.

Ja, aber das wurde nichts, weil ich nicht mütterlich genug ausgeschaut hab. „Sie könnten höchstens meine Frau spielen", hat Loriot gesagt. In einem anderen Film hab ich mitgemacht, den Titel weiß ich nicht mehr, aber die Hauptrolle spielte Didi Hallervorden, und ich hatte eine Szene mit Gustl Bayrhammer – ein Ehepaar vom Lande. Da hat der Regisseur gesagt: „Solche Sachen, das können Sie zehnmal!" Aber innerlich hab ich mir gesagt: Dafür bist du nicht Sängerin geworden. Also habe ich diesen Auftritt unter „Abstecher" verbucht, so wie vieles andere auch.

Eines interessiert mich noch in Bezug auf Ihre komischen Rollen an der Bayerischen Staatsoper: Wenn man die Programmzettel durchschaut, fällt auf, daß Sie in den 70er Jahren sehr oft in allen möglichen Stücken angesetzt waren – und dann hörte es plötzlich auf.

All diese „Generalwurzen", die ich München gesungen habe, die habe ich angenommen, weil es Günther Rennert war – und nicht wegen der Rollen. Gut, die Haushälterin in der „Schweigsamen Frau", das war in Rennerts Inszenierung wirklich eine schöne Sache. Aber daneben habe ich auch jahrelang die Schankwirtin in „Boris Godunow" und lautcr so Sachen gesungen. Rennert hat mich immer wieder dafür haben wollen, aber eines Tages war ich es leid. Nachdem Rennert gestorben war und August Everding sein Nachfolger wurde,

Hekuba in „Die Troerinnen", Bad Gandersheim 1984

habe ich beschlossen: Dieses Kapitel mit den „Wurzen", das schließt du ab!

Der Entschluß fiel mir zwar nicht leicht, weil ich Everding sehr schätze; er hat für die Oper ungeheuer viel getan, er ist ein phantastischer Regisseur, Redner und Organistor. Aber ich hab mir ein Herz gefaßt, bin zu ihm und habe gesagt: „Ich möchte Sie erlösen: Für all diese Partien haben Sie mindestens noch drei weitere Sängerinnen am Haus, und vielleicht freuen Sie sich, wenn wenigstens eine geht. Machen Sie sich um mich keine Sorgen, ich habe genügend Angebote." Und das stimmte auch! Denn zu dieser Zeit, das war Ende der 70er Jahre, wurden mir immer wieder die modernen Sachen angeboten. Und nachdem ich mich entschieden hatte, mehr in diese Richtung zu gehen, von da an ging's wieder bergauf.

Einsatz für die Moderne

Kaum eine Sängerin Ihres Kalibers hat so viel Ur- und Erstaufführungen, so viel zeitgenössische Oper gesungen wie Sie. Fast könnte man meinen, Sie seien eine Spezialistin für alles Moderne.

Jetzt muß ich etwas sagen, was vielleicht sehr ernüchternd wirkt: Dieses moderne Repertoire habe ich nicht so sehr aus Interesse oder aus Lust gesungen, sondern – ich mußte einen Weg suchen, um weiter am Theater zu bleiben. Wie ich Ihnen schon sagte: Diese kleinen Rollen vom Typ „komische Alte", die haben mich auf Dauer nicht gereizt, da fand ich die modernen Sachen schon viel interessanter. Aber ich gestehe, daß ich vor dieser Musik Angst gehabt habe – weil sie manchmal so quer zu den Stimmbändern steht, wie es nur sein kann.

Da werden sich viele Hörer fragen: Ist denn das rein Gesangliche in diesen Stücken so wichtig? Achtet man nicht viel mehr auf Darstellung und Ausdruck?

Wissen Sie, eigentlich wollen wir Sänger alle in erster Linie schön singen. Es ist ein Graus, daß man es gar nicht ästimiert, wenn die Leute sagen: „Sie haben eine Ausstrahlung" oder „Sie sind eine große Darstellerin" ... Nein, zuerst kommt das Singen.
Wenn man gut disponiert ist und schön singen kann, das ist solch ein animalischer Genuß, das läßt sich gar nicht beschreiben.

Und dieser Genuß, der hat Ihnen bei den modernen Opern gefehlt?

Oft ja – am Anfang! Denn ich muß sagen: Je mehr ich mich mit einem Stück auseinandergesetzt habe, desto eher habe ich auch einen Zugang dazu gefunden – auch als Sängerin, nicht nur als Darstellerin. Die „Bluthochzeit" ist das beste Beispiel dafür.

Das war zwar am Anfang wer weiß wie schwer zu lernen, aber dann habe ich es mindestens so gern gesungen wie die Klytämnestra.
Und so hab ich über die Jahre immer wieder die Erfahrung gemacht, daß es auf diesem Gebiet vieles gibt, was mir gefällt – auch musikalisch. Vor allem die Opern von Reimann.

Die er ja ganz nach Ihren Möglichkeiten komponiert hat.

Ja, das war für meine Stimme wie maßgeschneidert. Reimanns Mutter war ja Gesangslehrerin, und er selbst hat ja auch jahrzehntelang Sänger am Klavier begleitet. Drum versteht er so viel vom Singen.
Aber um auf die Frage zurückzukommen, warum ich mich sooft auf ein neues Stück eingelassen habe: Je länger ich mich mit diesem Repertoire beschäftigt habe, desto mehr bin ich zu der Einsicht gekommen, daß man ein modernes Stück nicht nach der Partitur beurteilen kann. Das ist so gut wie unmöglich. Um festzustellen, ob es was taugt, muß man es auf die Bühne bringen. Und ich bilde mir ein: Ab einem gewissen Punkt war ich mit diesem Repertoire so vertraut, daß ich sehr gut unterscheiden konnte, ob ein neues Stück etwas taugt oder nicht.

Von all den Werken, bei denen Sie als Geburtshelferin tätig waren – ist da etwas übrig geblieben, von dem Sie sagen würden: „Das hat Bestand, das wird überleben"?

Da muß ich an erster Stelle Fortners „Bluthochzeit" nennen. Das ist ein einmaliger Wurf. Dann „Die Soldaten" von Zimmermann, die „Elegie" von Hans Werner Henze. Und alle Sachen von Reimann: „Melusine", „Troades" und „Gespenstersonate". Aber dann wird's schon langsam dünn …

Und von der sogenannten „gemäßigten Moderne"? Britten, Menotti, von Einem?

Von Britten habe ich die deutsche Erstaufführung von „Gloriana" gesungen, und das hat mir gut gefallen. Das Stück handelt ja von Elizabeth I. und ist für die Krönung von Elizabeth II. geschrieben

Als Mumie in Reimanns „Gespenstersonate" (mit Hans Günther Nöcker, Uraufführung im Hebbel-Theater Berlin 1984)

Martha Mödl in zeitgenössischen Opern

Uraufführungen:

1968	Berlin	Blacher, 200 000 Taler
1971	Schwetzingen	Reimann, Melusine
	Kiel	Yun, Geisterliebe
1972	Berlin	Fortner, Elisabeth Tudor
1976	Wien	Einem, Kabale und Liebe
1980	München	Haupt, Der Neurosenkavalier
1981	Kassel	Hamel, Ein Menschentraum
	Salzburg	Cerha, Baal
1984	Berlin	Reimann, Gespenstersonate
1988	Nürnberg	W. Zimmermann, Über die Dörfer
1993	Dortmund	Hiller/Ende, Der Rattenfänger
1995	Düsseldorf	Klebe, Gervaise Marcquart

Sonstiges zeitgenössisches Repertoire:

1942	Remscheid	Borck, Napoleon
1951	Hamburg	Menotti, Der Konsul
1956	Stuttgart	Orff, Antigonae
1961	Stuttgart	Fortner, Bluthochzeit
1962	Berlin	Henze, Elegie für junge Liebende
1966	Hamburg	Britten, Albert Herring
1968	München	Bennett, Napoleon kommt (A Penny for a Song)
	Nürnberg	Dessau, Die Verurteilung des Lukullus
	Münster	Britten, Gloriana
1972	Bielefeld	Einem, Der Besuch der alten Dame
1976	Saarbrücken	Menotti, Das Medium
1987	Hannover	Reimann, Troades
1989	München	Hamel, Kassandra
1992	Düsseldorf	Zimmermann, Und ich wandte mich und sah an alles das Unrecht …

worden. Daß es damals nicht ankam, lag wohl eher am Publikum als am Stück. Das hätte wohl eher eine Huldigungsoper sein müssen, dann wär's wahrscheinlich ein Erfolg gewesen.

Von Menotti habe ich in „Der Konsul" und „Das Medium" gesungen. Beide Stücke sind sehr publikumswirksam, sehr stark – und jederzeit aktuell. Leider!, muß man sagen: Denn das Hauptthema vom „Konsul" ist ja, wie Menschen unter dem Terror der Bürokratie zugrundegehen. Und beim „Medium" geht es um eine frühalte, total verlotterte Trinkerin. Vom Standpunkt des Sängers sind beide Partien, Magda Sorel und Madame Flora, sehr dankbar. Für mich jedenfalls waren es Rollen, die mich sofort gereizt haben.

Und wie war Ihre Erfahrung mit dem „Besuch der alten Dame"?

Für meine Begriffe passen Dürrenmatts Vorlage und Einems Musik überhaupt nicht zusammen. Das ist, als würde man ein großes Drama mit Filmmusik unterlegen. Auch bei „Kabale und Liebe" hatte ich den Eindruck, daß die Musik etwas ganz anderes sagt als der Text.

Gab es unter all den Ur- und Erstaufführungen auch richtige Flops?

Zum Beispiel „200 000 Taler" von Boris Blacher. Das war Ende der 60er Jahre an der Deutschen Oper Berlin. Das Stück war weder schlecht noch gut – es war einfach nichts. Und da hat es auch nicht geholfen, daß die Produktion sehr gut gemacht war.

Als wir uns zum ersten Mal getroffen haben, das muß im Frühjahr 1987 gewesen sein, lernten Sie an einem Stück, mit dem Sie sich sehr schwer getan haben: „Über die Dörfer" von Walter Zimmermann.

Ein furchtbarer Streß war das! Das Ganze war so schwer zu lernen, daß ich eigentlich ein halbes Jahr hätte haben müssen. Nun hatte ich aber nur fünf Wochen! Und die Musik war ganz quer zum Text von Peter Handke, also das war vom Sprachrhytmus her ungeheuer mühsam.
Bei den Proben war ich zwar noch nicht ganz sicher, aber Lukas-Kindermann hat mir viel von meiner Unsicherheit genommen; und er hat das Stück sehr geschickt inszeniert, indem er die Bühne in den Zuschauerraum hineingebaut hat.

B. A. Zimmermann, „Und ich wandte mich und sah an alles Unrecht, das geschieht unter der Sonne". Szene mit Martha Mödl als Großinquisitor (Regie: Werner Schroeter); Düsseldorfer Schauspielhaus 1992

Irgendwann war ich so in dem Stück drin, daß ich bei einer Vorstellung plötzlich gedacht habe: Musikalisch ist das wirklich ein neuer Weg! Daran sehen Sie, daß man ein neues Stück erst dann wirklich begreift, wenn man es sich erarbeitet hat. In diesem Fall: Hart erarbeitet! Aber ich möcht nicht wissen, wieviele falsche Noten ich gesungen habe.

Jemand hat mal gesagt, Sie seien bei den modernen Sachen immer so korrekt gewesen.

Na, ich möchte wirklich nicht all die falschen Noten aufsammeln müssen, die ich in all den Jahren zusammengesungen habe. Manchmal habe ich auch bewußt etwas anderes gesungen, als in den Noten stand – und das war dann eher zum Vorteil!

Nach Walter Zimmermann kam für Sie noch einmal Bernd Alois Zimmermann: Das Stück mit dem leicht zu merkenden Titel „Und ich wandte mich und sah an alles Unrecht, das geschieht unter der Sonne"
Das war eine Sprech- und zugleich auch eine Hosenrolle: ein Großinquisitor.

Ein paar Jahre später kam noch der Abt im „Rattenfänger". Ja, das Alter eröffnet einem ganz neue Perspektiven!

Den Großinquisitor haben Sie zuerst in einer szenischen Produktion dargestellt, am Düsseldorfer Schauspiel.

Mit Eberhard Kloke als Dirigent und Werner Schroeter als Regisseur. Das war auch die Zeit, wo ich mich auf die Müngstener Brücke hab scheuchen lassen!
Und danach hab ich's noch einmal konzertant gemacht.

Ausgerechnet in Nürnberg, und dann noch am Neujahrstag. Während Millionen von Menschen das Walzerkonzert aus Wien hörten, mußten sich unschuldige Nürnberger mit avantgardistischer Musik auseinandersetzen. Es wurde mir berichtet, daß eine Frau verärgert aufstand und rausging, und gerade als sie auf den Ausgang zusteuerte, hatten Sie als Großinquitor den Satz zu rezitieren: „Ja, geh nur! Und komm nie wieder!!"

Oh Gott, ja. Und dann hat das noch ein Zuschauer zum Dirigenten heruntergerufen. Die Nürnberger tun sich mit solchen Sachen schwer. Die wollen am liebsten Operette und populäre Oper. Aber bloß nichts Schwieriges.

Wesentlich entspannter war die Atmosphäre bei der Uraufführung des „Rattenfängers" in Dortmund. Dafür sorgten schon die Namen Michael Ende und Winfried Hiller. Dazu der Klezmer-Klarinettist Giora Feidman in der Titelrolle und wieder Heinz Lukas-Kindermann als Regisseur.

Neben Kurt Horres ist Kindermann eigentlich d e r Theatermann in meinen letzten Jahren. Er hat mich immer wieder an neue Aufgaben herangeführt, und dafür bin ich ihm heut noch dankbar. Warum der „Rattenfänger" dann doch nicht den Erfolg hatte, den man hätte erwarten können, weiß ich nicht. Denn Hillers Musik ist hervorragend und das Libretto von Ende auch. Mit ein Grund könnte sein, daß es zum Schluß eine Länge gibt, in der Szene mit der Bürgermeistersfrau.

Mit Heinz Lukas-Kindermann bei einer Probe

Als Mutter in Cerhas „Baal", Uraufführung bei den Salzburger Festspielen
1981

Ich glaube, wenn man ein paar Striche machen würde, hätte das Stück größere Chancen.

Ihre vorerst letzte Uraufführung war Klebes „Gervaise Marquart", 1995 in Düsseldorf.

Das habe ich wiederum Kurt Horres zu danken. Und dem Giselher Klebe! Die Bouzouge, das ist ja eine ganz kleine Partie, die hat Klebe ganz genau nach meinen Möglichkeiten geschrieben. Er hat mich gefragt: „Von wo bis wo geht es gut, welchen Tonumfang darf ich nicht überschreiten?" Und um ehrlich zu sein: Ich weiß es selber nicht. Ich weiß, daß ich in der Mittellage noch Töne habe, aber wie weit es noch oben geht und ob es morgen noch geht – das kann ich in meinem Alter nicht sagen. Das hängt völlig von der Tagesverfassung ab. Aber eines weiß ich ziemlich sicher: Mein sogenannter Sprechgesang, der ist für all die modernen Sachen fast besser gewesen als wenn es jemand mit voller Stimme gesungen hätte. Das ist auch ein Geschenk des Himmels, daß ausgerechnet das, was mir stimmlich übrig geblieben ist, sich bei diesen Stücken hundertprozentig bewährt hat.

„Pique Dame"

Martha Mödl und die Gräfin in „Pique Dame" – das ist ein Kapitel für sich. Zunächst wegen der vollkommenen Identität von Rolle und Sängerin, aber auch wegen der langen Geschichte, die an dieser Figur hängt.

Meine Geschichte mit „Pique Dame" hat im Flugzeug begonnen. 1963 war's, glaube ich. Ich sitze also im Flugzeug, und neben mir, zufälligerweise, Marcel Prawy, der damals noch an der Wiener Volksoper war. Wir unterhalten uns, und irgendwann fragt er mich, ob ich bei ihm nicht die Gräfin in „Pique Dame" singen wollte. Und ich sag Ihnen: Ich war furchtbar beleidigt! Denn das war ja die Zeit, wo ich noch Wagner an der Wiener Staatsoper gesungen hab! Aber wie es mit so vielen Dingen war, die ich anfangs abgelehnt habe: Ich hab's dann doch gemacht.

Und danach noch in vielen weiteren Produktionen, unter anderem in Berlin, Stuttgart, Köln, Dortmund, Essen, Graz, Bern, Nizza, Buenos Aires – und schließlich 1992, zu Ihrem 80. Geburtstag, an der Wiener Staatsoper.

Da hatte ich dann endlich das richtige Alter für die Rolle. Ja, es müssen noch ein paar Produktionen mehr gewesen sein. Und immer wieder habe ich an der Rolle etwas gefunden, was ich anders machen konnte. Und durch die Regisseure war es eh jedesmal eine neue Herausforderung für mich.

Kam es auch vor, daß Sie einem Regiekonzept zufolge Ihre Darstellung der Gräfin von Grund auf überdenken mußten?

Ich möchte sagen: Es hat Regisseure gegeben, die mir in Bezug auf das Stück und die Figur den Horizont erweitert haben.
Einer davon war Rudolf Noelte in Köln. Und der wird doch schnell nervös. Bei der ersten Probe hat er zu mir gesagt: „Wissen Sie, ich möchte, daß die Gräfin die ganze Zeit im Rollstuhl sitzt!" – Da hab

173

Mit René Kollo in Rudolf Noeltes Inszenierung in Köln (1980)

ich nur Luft geholt, um ihm zu sagen: Jaja, läßt sich schon machen! – aber er hat gar nicht abgewartet, sondern hat das Luft-Holen so verstanden, als würde ich's ablehnen: „Ja, dann können wir nicht zusammen arbeiten!" Zum Glück habe ich das Mißverständnis gleich aufklären können, und dann wurde es eine wunderbare Zusammen- arbeit. Auch mit Gerd Albrecht, der das Stück ganz wunderbar dirigiert hat. Und dann René Kollo als Hermann: Das war ein ganz starker Eindruck! Bei ihm hat mir immer imponiert, daß jeder Satz das ausgedrückt hat, was er ausdrücken soll.

Gab es nicht eine Produktion, bei der Sie beinahe ausgestiegen wären?

Das war in Graz. Bevor ich den Regisseur kennenlernte, hat mir der Intendant das Konzept anhand eines Bühnenbild-Modells erklärt. Bei allen Bildern gab es ein viereckiges Loch auf der Bühne, da stand einer drin und schaufelte was raus. „Und darf ich wissen, was das sein soll?" Ja, das sei die Unendlichkeit, oder so was. Ganz genau hab ich's nicht verstanden. Dann sollte ein riesiger Flügel im Zimmer der Gräfin sein, und während meines Liedes sollte ich langsam auf diesen Flügel hinaufkrabbeln … Spätestens da hab ich innerlich rebelliert, denn bei dem Lied von Gretry darf doch keine Aktion sein! In dem Moment muß es so still sein, daß man eine Stecknadel fallen hört.
Kurz und gut: Mir war überhaupt nicht wohl bei der Sache. Also habe ich dem Intendanten geschrieben, ich sei zu alt, um mich jetzt noch zu ändern, ich könnte das nicht machen …
Er aber schrieb zurück: „Kommen Sie auf jeden Fall, ich werde das mit dem Regisseur schon regeln!"
Nun gut, ich bin dann nach Graz – und nichts war geregelt, gar nichts! Der hatte mit dem Regisseur gar nicht gesprochen! Trotzdem bin ich zur ersten Probe gegangen, und im Aufzug stand ein Mann hinter mir, der mir sofort sympathisch war. Wie sich später heraus- stellte, war es der Regisseur, Christian Pöppelreiter. Wir haben uns dann in aller Ruhe unterhalten, sind uns Stück für Stück entgegen- gekommen. Für das Lied hat mich Pöppelreiter auf einen Stuhl an die Wand gesetzt, das sah so armselig aus, das war in seiner Wirkung ganz stark. Aber auf den Flügel hab ich dann trotzdem hinaufmüssen – und auch das war eine gute Szene: Ich bin da also hinauf, aus Angst

Mit Wolfgang Müller-Lorenz als Hermann, Graz 1983

vor dem Hermann, der hat mich oben gepackt, und dann bin ich gestorben.

Gab es in dieser Inszenierung nicht ein Bild, wo die Gräfin ein Kleid aus ihrer Jugendzeit trägt?

Das war überhaupt das Großartigste: Und zwar hing über der ganzen Szene ein riesiges Bild, das zeigte die Gräfin in ihrer Jugend, als Tänzerin: Auf der Spitze, mit einem Dreiviertel-Tutu und einem weißen Rosenkranz im Haar. Und in der Szene nach dem Tod der Gräfin (wenn sie ihm als Geist erscheint und ihm die drei Karten nennt) bin ich in einem vergammelten Tutu mit einem Rosenkranz auf der Glatze dem Hermann erschienen, bin langsam auf ihn zu und hab ihn umarmt. Und das war einfach toll! Daß einem so etwas überhaupt einfallen kann!

1981 haben Sie die Partie zum ersten Mal auf russisch gesungen: Am Teatro Colon in Buenos Aires.

Das habe ich phonetisch gelernt, und zwar beim Chefdirigenten in Graz, Niksa Bareza. Er ist Rumäne und spricht perfekt Russisch; bei der „Pique Dame" hat er mir jeden Satz vorgesprochen, und ich hab's mir genau phonetisch in den Auszug geschrieben. Anfangs dachte ich: Das versteht bestimmt kein Mensch! Aber die russischen Sänger, die ich gefragt habe, haben gemeint: „Natürlich hört man, daß Sie einen Akzent haben, aber verstehen tut man's schon!"
Diese Inszenierung in Buenos Aires war ein Unikum, in jeder Hinsicht. Zum Beispiel war es das erste und letzte Mal, daß ich mit zwei Hunden auf die Bühne kam, zwei wunderschönen weißen Hunden. Und dann gab es wieder etwas Besonders für meine Erscheinung als Geist. Ich weiß nicht, kennen Sie das Teatro Colon? Das ist doch eines der größten Theater der Welt. Fünf Ränge hat es, und oben schließt es mit einer riesengroßen Kuppel ab. Auf diese Kuppel mußte ich raufkrabbeln! Und Sie müssen sich das so vorstellen: Da gibt es keine Stufen, sondern nur so Röhren, auf die man steigen kann – wie bei einer Strickleiter. Natürlich, rechts und links hat man Haltegriffe, aber man muß schon schwindelfrei sein, um das zu machen. Und das

Auf der Kuppel des Teatro Colon

geht in einem riesigem Bogen hinauf, endlos hinauf! Nun hatten die mir gesagt, daß ich einen Bühnenarbeiter zur Begleitung bekomme. Bitte, ich war zu dem Zeitpunkt immerhin schon Siebzig! Und wie wir bei der Leiter ankommen, sagt mir der Arbeiter: „Ich muß ihnen etwas gestehen, ich bin nicht schwindelfrei!" Also bin ich allein hinauf, und komischerweise hat mir das gar nichts ausgemacht. Ganz oben, auf der Spitze der Kuppel, gibt es eine Öffnung, da kann man hineinsteigen und auf den Zuschauerraum und die Bühne hinuntersehen. Das war, als würde man von einem Hochhaus hinunter auf die Straße sehen, so klein waren die Leute auf der Bühne. Neben mir stand ein Monitor, darauf war der Dirigent zu sehen, damit ich meine Einsätze abnehmen konnte. Dann hab ich ins Publikum hinuntergesungen, und jeder, der's gehört hat, hat gesagt, daß es ein ungeheurer Eindruck gewesen ist.

Zehn Jahre später dann der wunderbare Schluß Ihrer „Pique Dame"-Geschichte: Rollendebüt an der Wiener Staatsoper.

Ja, das Ende eines großen Bogens: An der Volksoper hat's begonnen, an der Staatsoper geendet. Das war ein ganz großes Glück, lieber Gott! Da hat man sich ein Leben lang abgerackert – und dann ein so herrlicher Schluß!
Ich weiß noch, wie ich die Anfrage bekam: Eberhard Wächter hatte mir einen Brief geschrieben, und nachdem ich den gelesen hatte, hab ich vor Freude einen Schrei losgelassen. Von der Vorgeschichte habe ich aber erst später erfahren, als ich in der „Opernwelt" das Interview las, das Sie mit Christa Ludwig gemacht haben.

Die Ludwig hatte bei dieser Produktion Jahre zuvor die Premiere gesungen. Und nun hatte sie in der Direktion gefragt, warum sie für die Wiederaufnahme nicht besetzt sei. Da hat man ihr gesagt: „Ja, wissen Sie, eigentlich sind Sie für die Rolle viel zu jung!" – „Aber eine Ältere als mich habt Ihr ja nicht!" – „Doch, die Mödl! Die singt das zu ihrem 80. Geburtstag!"

Ein schöneres Geschenk hätte ich mir gar nicht vorstellen können. Erst einmal die Sänger: Vladimir Atlantow, Mirella Freni, Sergej Leiferkus, Vladimir Tschernow … eine grandiose Besetzung! Und dann Seiji

Deutsche Oper Berlin, 1979

Mit Seiji Ozawa nach einer Vorstellung an der Wiener Staatsoper, Mai 1992

181

Ozawa! Irgendwie hat er mich an den jungen Karajan erinnert, auch darin, wie er auf die Sänger eingegangen ist. Und die Wiener Philharmoniker sind ihm gefolgt wie ein Mann. In einer Kritik hat, bezogen auf meine Soloszene, gestanden: „Ich habe die Wiener Philharmoniker noch nie so piano spielen hören"

Zum Glück gibt es von dieser Serie auch eine TV-Aufzeichnung.

Die hab ich neulich erst im Fernsehen gesehen. Brian Large hat das ganz wunderbar für die Kamera eingerichtet. Zum Beispiel die Szene, wo die Gräfin als Geist erscheint: Das hab ich jetzt erst gesehen, wie wunderbar das war! Ach, ich bin immer noch glücklich darüber. Besser hätte es nicht enden können. Drum hab ich keine weiteren Angebote für „Pique Dame" mehr angenommen. Das hätte im Nachhinein etwas weggenommen von diesem herrlichen Schluß.

Den Sie auch als eigentlichen Schlußpunkt Ihrer Laufbahn betrachten?

Ja und nein. Ja, in dem Sinne: Ein schöneres Ende gibt es nicht. Nein, weil ich nicht abrupt aufhören wollte. Drum hab ich noch Sachen wie den „Rattenfänger" und die „Gervaise" gemacht. Und ich werde ja immer noch für die Golde in „Anatevka" angesetzt. Und so schleich ich mich langsam raus …

Rückblick: Die Bühne als Leben

Frau Mödl, in einem Interview Anfang der 80er Jahre haben Sie einmal gesagt: „Der Beruf ist für mich wie eine Droge. Ich kann einfach nicht davon lassen."

Heute würd ich sagen: Der Beruf ist mein Vitamin, er hält mich am Leben. Und drum wollte ich ihn halten, solange es geht. Auch wenn es nicht immer bequem oder angenehm für mich ist. Zum Beispiel habe ich letztes Jahr nach einer komplizierten Augenoperation mehrere Monate aussetzen müssen – und hatte vor der ersten Vorstellung nach dieser langen Pause einen ziemlichen Bammel. Aber als ich dann wieder auf der Bühne gestanden bin – das war „Anatevka" in Düsseldorf –, da habe ich mich sofort wohl gefühlt, behütet und geborgen. Und viel sicherer als zum Beispiel auf der Straße! Aber dieses Sich-Aufraffen, weg von zuhause, in eine andere Stadt reisen – das ist das Schwierige.

Ein sehr verbreitetes Phänomen: Die Bühne als Medizin, als Therapie oder Energiequelle; bei manchen Künstlern hat man den Eindruck: Sobald sie auf der Bühne sind, leben sie auf und verjüngen sich. Es gibt ja viele Beispiele dafür, was für Wunder die Bühne bewirken kann.

Oh ja, da muß ich immer an Werner Finck denken. Der konnte sich auf der Straße allein gar nicht mehr bewegen, da war er vollkommen hilflos. Aber sobald er auf der Bühne war, stand er wie eine Eins. Und ein bißchen ist es auch bei mir so: Dinge, die mich im Alltag plagen – eine Erkältung oder sonst irgendetwas –, die sind wie weggeblasen, solange ich auf der Bühne bin.

Wie erklären Sie sich das?

Ich kann nur immer wieder sagen: Die Bühne ist mein Leben. Auf der Bühne hab ich vieles ausgelebt, was ich mich privat nicht getraut habe. Und ich habe vieles geben können, was ich privat nicht geben

Golde in „Anatevka" (mit Wolfgang Reichmann als Tevje), Zürich 1979

konnte. Vielleicht war die Bühne bei mir auch eine Art von Schutz gegen die Einsamkeit. Denn ich hätte mir einfach nicht vorstellen können, in einer Ecke zu sitzen und zu stricken. Jedes Jahr, das ich weitergemacht habe, war von dem Impuls beseelt, daß ich nicht allein sein wollte.

Kurz bevor meine Mutter gestorben ist, hab ich zu ihr gesagt: „Du hast's gut: Solange du lebst, hast du mich, aber wenn Du stirbst, bin ich ganz allein." Zum Glück kam es anders, denn seit 25 Jahren wohne ich mit guten Freunden zusammen.

Aber: Solange man noch eine Mutter hat, fühlt man sich beschützt und behütet – auch wenn man längst auf eigenen Beinen steht. Außerdem hatte meine Mutter eine sehr starke Lebensgescheitheit, die mich vor vielen Fehlern bewahrt hat. Und nachdem sie gestorben war, hab ich einige Fehler gemacht, große Fehler! Nur in einem gab es für mich überhaupt kein Vertun: Ich wollte und mußte den Beruf halten.

55 Bühnenjahre in der Rückschau – ich möchte Ihnen jetzt nicht zumuten, ein Resümee zu ziehen, aber was fällt Ihnen spontan ein, wenn Sie all diese Jahre Revue passieren lassen?

Daß es zu schnell vorüberging, viel zu schnell! Und daß ich, mit dem Wissen von heute, vieles anders machen würde. Zum Beispiel Sprachen lernen – wobei mir klar ist, daß es mir wahrscheinlich wieder nicht gelingen würde; dafür fehlt mir einfach das letzte bißchen an Durchhaltevermögen. Was mir besonders positiv auffällt: Je älter ich werde, umso so größer wird die Resonanz auf meine sogenannten „besten Jahre". Was ich da teilweise für Briefe bekomme – von Hörern, die mich nie auf der Bühne gesehen haben. Das kommt natürlich durch die CDs, und ich kann den Menschen, die all diese Mitschnitte herausgebracht haben, gar nicht genug danken.

Einmal sind es die CDs, dann aber auch Fernsehbeiträge wie das Primadonnentreffen mit Varnay und Nilsson oder Werner Schroeters Film –

und vor allem die Sendung von Alfred Biolek! Man sollte es nicht glauben, was die für eine Wirkung hatte. Da singt man fünfzig Jahre –

und natürlich gibt es welche, die sich melden oder einen Brief schreiben. Aber ein Auftritt in „Bios Boulevard", und schon wird man überhäuft von Briefen. Solch eine Resonanz hatte ich überhaupt noch nie. Und dabei tu ich mich mit dem Antworten so schwer. Bis ich mal einen Brief beantwortet hab, da vergehen Wochen und Monate. Zum Teil antworte ich jetzt noch auf Briefe zu meinem 85. Geburtstag.

Wie stehen Sie überhaupt zum Begriff „Fan"?

Der ist mir suspekt, weil ich damit mehr einen aggressiven Typ verbinde, jemanden, der bedingungslos einen Menschen vergöttert. Wie der Begriff schon besagt, hat das etwas Fanatisches. Aber es gibt es auch viele, die sich selbst als „Fan" bezeichnen und die ganz anders sind: Die gar keinen Lärm machen, sondern mir vielleicht zum Geburtstag schreiben oder die sich melden, wenn es wieder eine neue CD auf dem Markt gibt. Da muß man große Unterschiede machen.

Szene aus Bios Boulevard (v. l. n. r. Lucia Aliberti, Alfred Biolek, Martha Mödl, Jessye Norman)

186

In diesem Zusammenhang möchte ich gerne etwas von einem ihrer bedeutendsten „Fans" zitieren:

„Wo Martha Mödl, die singende deutsche Duse, auftritt, hat das Theater mit Kunst zu tun, ob es will oder nicht. Sie begreift Kunst als einen Akt der Selbstverbrennung. Ihre Wagner-Heroinen sind überdimensionale Gestalten, nicht durch Brünne, wallendes Gewand und Fortissimo, sondern durch die Kraft der Leidensfähigkeit.
Wenn der Begriff Fan, auf die Anhänglichkeit zur Tragödin Martha Mödl angewandt, nicht eine Banalität wäre, würde ich mich als lebenslänglichen Martha-Mödl-Fan bezeichnen und daraus die tröstliche Gewißheit ableiten, daß selbst ein Musikkritiker lichte Augenblicke haben kann."

Das schrieb einer der führenden Opernkritiker Deutschlands, nämlich Karl Schumann.

Ja, der Schumann! Das mit dem Fan ist herrlich formuliert – aber wo's mir gerade einen Moment ganz merkwürdig wurde, ist die Stelle mit der Duse. Das ist wirklich komisch, denn ich glaub nicht, daß ich ihm jemals etwas davon erzählt hab.

Wovon?

Ich hab zu Hause ein Buch über die Duse, und darin lese ich von Zeit zu Zeit – weil es so ehrlich ist, und weil ich mich darin manchmal wiederfinde. Bitte, ich möchte mich nicht mit der Künstlerin und dem großen Namen vergleichen, auf keinen Fall. Aber es gibt Parallelen, im Privaten und in der Art des Lebens – oder besser: des Lebensgefühls. Diese Frau, die für viele die größte Schauspielerin war, hatte im Privatleben kein Glück, sie hat viel gelitten und war todunglücklich, sobald sie von der Bühne runterkam. Und dann die Liebschaften: Sobald es etwas werden sollte, kam sofort etwas dazwischen. Irgendwie fühle mich ein bißchen daheim, wenn ich das lese.

Aber es ist kein Blick zurück in Wehmut?

Nein. Denn heute weiß ich, daß ich deshalb kein Glück im Privatleben hatte, weil es mir bestimmt war, den Beruf zu halten. Und das war, im Nachhinein betrachtet, auch gut so.

Mit Kurt J. Schildknecht vor einer „Mahagonny"-Probe, Graz 1983

Das sind die kleinen Sinnauflösungen, zu denen man in meinem Alter kommt.

Und wie empfinden Sie Ihren Alltag, wie ist Ihr Lebensgefühl heute?

Im Großen und Ganzen gut. Hin und wieder zwickt's mich hier und dort, aber ich bin für meine 86 Jahre noch gut dabei. Außerdem freue ich mich jeden Tag, daß ich jetzt so gut sehen kann wie nie zuvor in meinem Leben. Sie wissen, daß ich eine komplizierte Operation hatte, ich habe beide Augen operieren lassen müssen. Davor hatte ich einen großen Bammel, aber die Ärzte von der Herzog-Carl-Friedrich-Augenklinik in München haben sich so wunderbar um mich gekümmert, das war einmalig! Und jetzt kommt das Wunder: Die haben es geschafft, mir nicht nur den grauen und den grünen Star wegzunehmen, sondern auch meine extreme Kurzsichtigkeit. Minus 19 Dioptrien hab ich gehabt, und jetzt sind es gerade mal 0,5. Das heißt, daß ich keine Brille mehr brauche und zum ersten Mal im Leben alles richtig sehen kann! Das ist für mich solch ein Geschenk, das kann ich gar nicht beschreiben. Irgendwie hab ich das Gefühl, daß meine Mutter im Himmel am Mischpult sitzt und alles so einrichtet, daß ich auf meine letzten Jahre noch richtig glücklich sein kann.

Diskographie/Videographie

Zusammenstellung: Thomas Voigt

Abkürzungen:
BR   Bayerischer Rundfunk
LA   Live-Aufnahme/Übertragung
R   Regie
SDR   Süddeutscher Rundfunk
UA   Uraufführung
WDR   Westdeutscher Rundfunk
*   zur Zeit nicht im Handel;
        ev. antiquarisch erhältlich

falls nicht anders angegeben, sind sämtliche Werke in deutscher Sprache gesungen

1. Bisher veröffentlichte Aufnahmen

Beethoven, *Fidelio* (Leonore)
– Furtwängler; Windgassen, Edelmann, Frick, Jurinac, Schock u. a.;
LA Wien (Theater an der Wien)
12. 10. 1953; Replica (3 LP)*
– Furtwängler; Windgassen, Edelmann, Frick, Jurinac, Schock u. a.,
Chor der Wiener Staatsoper, Wiener Philharmoniker
EMI 1953 (2 CD)
– Böhm; Dermota, Schöffler, Weber, Seefried, Kmentt u. a.
LA Wien (Wiedereröffnung der Staatsoper) 5. 11. 1955; Frequenz (2 CD)

Cerha, *Baal* (Baals Mutter)
Dohnanyi; Adam, Berger-Tuna, Lipovsek, Holecek u. a.
UA Salzburg 1981; Amadeo/Polygram (3 CD)

Henze, *Elegie für junge Liebende* (Gräfin) Szenen
Henze; Fischer-Dieskau, Gayer, Driscoll, Hemsley u. a., Orchester der Deutschen Oper Berlin
Deutsche Grammophon 1962 (CD, Szenen)

Mussorgsky, *Boris Godunow* (Marina)
Jochum; Hotter, Borg, Uhde, Hopf, Kusche, Böhme, Töpper u. a.
BR 1957; Myto (3 CD)

Offenbach, *Die Banditen* (Fürstin)
P. Steinberg; Szapo, Kruse, Altmeyer, Möller, v. Ree u. a.
WDR 1980; RCA (LP, Szenen)*

Schillings, *Das Hexenlied*
Stulen; Glass, Gerhardt
LA WDR 1991/92; cpo (CD)

Schultze, *Schwarzer Peter* (Königin Margarete)
Schultze; Altmeyer, McDaniel, Kruse, Jüten, Mira, Schneider u. a.
WDR 1979; Koch (2 CD)

Strauss, *Elektra* (Klytämnestra)
– Mitropoulos; A. Konetzni, Ilitsch, Felden, Klarwein u. a.

LA Maggio Musicale Fiorentino
1950; Cetra (2 CD)
– Karajan; Varnay, Hillebrecht,
Wächter, King u. a., Chor der Wiener
Staatsoper, Wiener Philharmoniker
LA Salzburg 1964; Orfeo (2 CD)

Strauss, *Die Frau ohne Schatten*
(Amme)
Keilberth; Bjoner, Borkh, Thomas,
Fischer-Dieskau, Hotter u. a.
LA München (Wiedereröffnung
des Nationaltheaters) 21. 11. 1963;
Deutsche Grammophon (3 CD)

Strawinsky, *Oedipus Rex* (Iocaste)
Strawinsky; Cocteau, Pears, Krebs,
Rehfuss, Rohr
WDR 1951; Philips (LP)*, CBS
(LP)*; Gebhardt (CD)

Verdi, *Macbeth* (Lady Macbeth)
Keilberth; Metternich, Hülgert,
Herrmann u. a.
LA Berlin (Admiralspalast)
10. 9. 1950; Myto (2 CD)

Verdi, *Ein Maskenball* (Ulrica)
Busch; Wegner, Schlemm, Fehen-
berger, Fischer-Dieskau u. a.
LA WDR 1951; Calig (2 CD)

Verdi, *Die Macht des Schicksals*
(Preziosilla)
Schüchter; Martinis, Schock,
Metternich, Frick u. a.
NWDR 1952; Eurodisc (3 LP)*

Wagner, *Tristan und Isolde* (Isolde)
– Karajan; Vinay, Malaniuk, Hotter,
Weber, Uhde u. a.
LA Bayreuth 1952; Myto (3 CD)

– Szenen: Rother; Windgassen,
Blatter, Orchester der Städtischen
Oper Berlin
Teldec 1952/54 (CD)

Wagner, *Der Ring des Nibelungen*
(Brünnhilde)
– Keilberth; Windgassen, Hotter,
Resnik, Vinay, Neidlinger, Greindl,
Malaniuk, Uhde u. a.
LA Bayreuth 1953; Golden
Melodram (13 CD incl. Interview
Martha Mödl)
– Furtwängler; Suthaus, Frantz,
Konetzni, Windgassen, Neidlinger,
Patzak, Greindl, Klose, Jurinac,
Grümmer u. a.
LA RAI Roma 1953; EMI (13 CD)

Wagner, *Die Walküre* (Brünnhilde)
– Furtwängler; Rysanek, Suthaus,
Frantz, Klose, Frick u. a., Wiener
Philharmoniker
EMI 1954 (3 CD)
– Keilberth; Varnay, Vinay, Hotter,
Milinkovic, Greindl u. a.,
LA Bayreuth 1955; Melodram
(4 LP)*

Wagner, *Die Walküre* (Sieglinde)
Keilberth; Varnay, Lorenz, Hotter,
Milinkovic, Greindl, Nilsson u. a.
LA Bayreuth 1954; Melodram
(4 CD)

Wagner, *Götterdämmerung* (Gutrune,
Dritte Norn)
Keilberth; Varnay, Lorenz, Uhde,
Greindl, Neidlinger u. a.
LA Bayreuth 1952; Paragon (4 CD)

Wagner, *Götterdämmerung*
(Waltraute)

Böhm; Nilsson, Windgassen, Greindl, Stewart, Dvorakova, Neidlinger u. a.
LA Bayreuth 1967; Philips (4 CD)

Wagner, *Parsifal* (Kundry)
– Knappertsbusch; Windgassen, Weber, London, Uhde, Mill u. a.
LA Bayreuth 1951; Teldec (4 CD)
– Krauss; Vinay, Weber, London, Uhde, Greindl u. a.
LA 1953; Arlecchino (3 CD)

Wagner, *Parsifal* (Kundry, Altsolo)
Knappertsbusch; Vinay, Greindl, Fischer-Dieskau, Blankenheim, Hotter u. a.
LA Bayreuth 1956; Hunt (3 CD)

Zeller, *Der Vogelhändler* (Adelaide)
Minich, Güden, Schädle u. a.
Telefunken ca. 1967 (LP, Querschnitt)*

Martha Mödl
Szenen aus Dido und Aeneas, Rodelinde, Julius Caesar, Alceste, Orpheus und Eurydike, Die Macht des Schicksals, Boris Godunow (mit Rudolf Schock), Schneeflöckchen, Hänsel und Gretel (mit Lore Hoffmann), Tiefland, Antigonae; Lieder von Brahms und Strauss; Wesendonck-Lieder (Keilberth, 1955)
RA 1948–58; Melodram (2 LP)*

Martha Mödl
Arien und Szenen aus Orpheus Macbeth, Don Carlos, Carmen, Tristan und Götterdämmerung
Telefunken 1952–62; Preiser Records (CD)

Martha Mödl – Liederabend Vol. I
Lieder von Schubert, Wolf und Wagner; Rainer von Zastrow, Klavier
LA Hamburg 1964
+ Bonus: Wagner, Wesendonck-Lieder (Keilberth, WDR 1955)
Gebhardt (CD)

Martha Mödl – Liederabend Vol. II
Schumann, Liederkreis op. 39; Mahler, Rückert-Lieder; Lieder von Strauss; Frederick Marvin, Klavier
LA Oslo 1964, Hamburg 1966
Gebhardt (CD)

2. Bislang unveröffentlichte Rundfunk-Produktionen und Live-Aufnahmen

Beethoven, *6 Lieder nach Gellert* op. 48
Raucheisen
RIAS 1950

Berg, *Lulu* (Gräfin Geschwitz)
Böhm; Silja, Konetzni, Kmentt, Gutstein, Hotter, Jungwirth, Nienstedt u. a.
LA Wien 16. 12. 1968

Bizet, *Carmen* (Habanera; Karten-Terzett)
Schmidt-Isserstedt; Rothenberger, Litz
NDR 1952

Brahms, *Lieder* (op 3,1; 19,4; 43,2; 59,2; 105,2)
Raucheisen
RIAS 1950

Engelmann, *Dr. Fausts Höllenfahrt* (Königin)

Spitz; Quest, Günter, Markwort,
Melchert, Marschner u. a.
NDR 1950

v. Einem, *Kabale und Liebe* (Frau
Miller)
Dohnanyi; Weikl, Berry, Silja,
Fassbaender, Beirer u. a.
UA Wien 1977 (ORF)

Fortner, *Bluthochzeit* (Mutter)
Leitner; Wissmann, Bence, Fischer,
Nöcker, Cramer u. a.
LA Stuttgart 1961 (SDR)

Francais, *Gargantua* (für Sprecher
und Streichorchester)
Kehr
WDR 1983

Humperdinck, *Hänsel und Gretel*
(Hänsel)
Schüchter; Hoffmann, Freitas
NDR 1950 (Auszüge)

Janáček, *Jenufa* (Küsterin)
Krombholc; Jurinac, Kmentt, Cox
u. a.
LA Wien 1964 (ORF)

Klebe, *Gervaise Marquart* (Bazouge)
Kulka; Marquez u. a.
UA Düsseldorf 1995 (WDR)

Mussorgsky, *Boris Godunow* (Marina)
Schüchter; A. Welitsch, Hann, Fied-
ler, Schock, Neidlinger, Markwort,
Guilleaume, Rothenberger u. a.
NDR 1950

Mussorgsky, *Boris Godunow* (Schank-
wirtin)
– Kubelik; Talvela, Crass, Brendel,
Nöcker, Fassbaender, Cochran, Uhl,

Böhme, Fehenberger, Stolze u. a.
LA München 1972 (BR)
– Bender; Tozzi, Crass, Fassbaender,
Hopf, Uhl u. a.
LA München 3. 8. 1973
– Varviso; Talvela, Hillebrandt,
Nöcker, Randova, Uhl u. a.
LA München 18. 2. 1979

Neumeyer, *Schön ist die Jugend*
(Försterin)
H. Hofmann; Schlick, Altmeyer,
Westphal u. a.
WDR 1979

Offenbach, *Hoffmanns Erzählungen*
(Giulietta)
Szenkar; Schock, A. Welitsch, Lipp,
Trötschel u. a.
WDR 1950

Offenbach, *Die Banditen* (Fürstin)
Steinberg; Csapo, v. Ree, Knobel,
Bierett, Altmeyer u. a.
WDR 1980

Offenbach, *Die Seufzerbrücke* (Scan-
daletta)
C. Richter; Appel, Jüten, Mercker,
Grobe u. a.
RIAS 1979

Orff, *Antigonae* (Titelpartie)
– Leitner; Uhde, Stolze, Plümacher,
Nöcker, Traxel, Wunderlich u. a.
LA Stuttgart 1956 (SDR)
– Sawallisch; Dooley, Alexander,
Radev, Kuen, Uhl, Traxel, Böhme,
Benningsen u. a.
BR 1958

Orff, *Oedipus der Tyrann* (Jokaste)
Zillig; Melchert, Feldhoff, Fiedler,

Günter, Kuen u. a.
NDR 1961

Purcell, *Dido und Aeneas* (Dido)
Schmidt-Isserstedt; Prey, Lindgren,
Hammer, Zollenkopf, Marschner,
Bischof u. a.
NDR 1958

Reimann, *Melusine* (Pythia)
Peters; Gayer, Grobe, McDaniel,
Sardi, Driscoll, Greindl u. a.
UA Schwetzingen 1971 (SDR)

Schoeck, *Penthesilea* (Titelpartie)
Leitner; Wächter, Brivkalne,
Lechner, Fischer u. a.
LA Stuttgart 1958 (SDR)

Strauss, *Elektra* (Klytämnestra)
– Dorati; Borkh, Ericsdotter u. a.
LA Rom 1965
– Maazel; Schröder-Feinen,
Hillebrecht, van Dam
LA Berlin 1974
– Stein; Roberts, Saunders, Kraue,
Cassilly u. a.
LA Hamburg 1975

Strauss, *Der Rosenkavalier*
(Octavian)
Ludwig; Ebers, Della Casa u. a.
LA Edinburgh 1952 (Hamburg-
Gastspiel; Auszüge)

Strauss, *Die schweigsame Frau* (Haus-
hälterin)
Sawallisch; Böhme, Grist, McDaniel,
Grobe, Kusche, Schädle, Linos u. a.
LA München 1971 (BR)

Strauss, *Lieder* (Cäcilie, Georgine)
Raucheisen
RIAS 1950

Sullivan, *Die Piraten* (Ruth)
Cremer; Nienstedt, Malta, Bahrig,
Auger, Bartos, Hammes u. a.
WDR 1968

Wagner, *Rienzi* (Szene und Arie des
Adriano)
Hollreiser
RIAS 1951

Wagner, *Die Walküre* (Brünnhilde)
Keilberth; Brouwenstijn,
Windgassen, Hotter, Greindl,
Milinkovic
LA Barcelona 1995

Wagner, *Die Walküre* (Szene Fricka-
Wotan)
Suitner; Stewart, Dvorakova
LA Bayreuth 1967

Wagner, *Siegfried* (Brünnhilde)
– Keilberth; Windgassen, Kuen,
Hotter, Neidlinger, Greindl, Ilosvay,
Hollweg
LA Bayreuth 1955 (BR)
– Stiedry; Windgassen, Kelley,
Edelmann, Pechner, Böhme,
Madeira, Hurley
LA Met 1957

Wagner, *Götterdämmerung*
(Brünnhilde)
– Keilberth; Windgassen, Uhde,
Greindl, Neidlinger, Varnay, Ilosvay
u. a.
LA Bayreuth 1954 (BR)
– Keilberth; Windgassen, Hotter,
Greindl, Neidlinger, Brouwenstijn,
Ilosvay u. a.
LA Bayreuth 1955 (BR)

Wagner, *Götterdämmerung* (Gutrune, 3. Norn)
– Knappertsbusch; Varnay, Aldenhoff, Uhde, Weber, Pflanzl, Höngen, Schwarzkopf u. a.
LA Bayreuth 4. 8. 51 (Decca-Archiv)
– Karajan; dieselbe Besetzung wie oben
LA Bayreuth 15. 8. 51 (EMI-Archiv)

Wagner, *Parsifal* (Kundry)
– R. Kraus; Aldenhoff, Greindl, Nillius, Blasius, Fehn u. a.
WDR 1949 (Rollendebüt)
– Knappertsbusch; Windgassen, Weber, London, Uhde, Böhme u. a.
LA Bayreuth 1952 (BR)
– Knappertsbusch; Windgassen, Greindl, Hotter, Neidlinger, Adam u. a.
LA Bayreuth 1954 (BR)
– Knappertsbusch; Vinay, Weber, Fischer-Dieskau, Uhde, Neidlinger u. a.
LA Bayreuth 1955 (BR)
– Cluytens; Vinay, Greindl, London, Blankenheim, van Mill u. a.
Bayreuth 1957 (BR)

Wagner, *Wesendonck-Lieder*
Keilberth; Bamberger Symphoniker
Bamberg 1959 (BR)

S. Wagner, *Der Friedensengel* (Kathrin)
Head; Kuhse, Hill, Polani, Hendrickx u. a.
LA London 1975

„*Dreimäderlhaus*"
Konzert mit Edith Kertesz-Gabry und Sylvia Geszty

Dir.: Curt Kremer, Mod.: Dirk Schortemeier
WDR 1978

3. Unveröffentlichte WDR-Produktionen und -übertragungen (Bänder gelöscht)

Berg, *Wozzeck* (Marie)
Hollreiser; Nillius, Ostertag
LA Düsseldorf 1948

Humperdinck, *Hänsel und Gretel* (Hänsel)
Romansky; Nentwig, Ihme-Sabisch, Blasius, Joesten u. a.
1948

Pfitzner, *Von deutscher Seele*
Hollreiser; Eipperle, Marten, Watzke
1949

Strauss, *Ariadne auf Naxos* (Komponist)
Keilberth; Wegner, Ralf, Hollweg, Nillius u. a.
1949

Verdi, *Rigoletto* (Maddalena; Quartett)
Romansky; Hollweg, Bajew, Blasius
1949

Verdi, *Der Troubadour* (zwei Szenen der Azucena)
– Schüchter; Lückert (Manrico)
1947
– Romansky; Bajew (Manrico)
1948

Verdi, *Die Macht des Schicksals* (Preziosilla; Rataplan-Chor)

Romansky
1949

Verdi, *Don Carlos* (Eboli)
R. Kraus; Reuland, Fehn, Wasserthal,
Fiedler, Hollweg u. a.
LA Düsseldorf 29. 12. 47

Weber, *Euryanthe* (Eglantine)
Romansky; Eipperle, Fehenberger,
Nillius, Fehn u. a.
1948

4. TV-Aufzeichnungen und -Mitschnitte

Beethoven, *Fidelio* (Leonore)
Szenen
Tietjen, Böhm; Dermota, Schöffler,
Weber, Seefried u. a.
Wien 1955 (Generalprobe); NBC-
Archiv

Bennet, *Napoleon kommt* (Hester)
Rennert, Dohnanyi; Stolze, Proebstl,
Hallstein u. a.
München 1969 (ARD)

Blacher, *200 000 Taler* (Ettie-
Mennie)
Sellner, Hollreiser; Reich, Weiss,
Haefliger, Feldhoff, Krukowski u. a.
Berlin 1969 (ARD 1970)

Haupt, *Der Neurosenkavalier*
BR 1982

Heuberger, *Der Opernball*
Richter; Jerusalem, Peacock,
McDaniel, Blankenheim, Zeumer
u. a.
ARD

Millöcker, *Der Bettelstudent*
Haaf, Wallberg; Malm, Hallstein,
van Ree, Dressel, Kusche u. a.
ARD 1971

Mankowitz, *Die Pickwickier* (Mrs.
Bardell)
Wohlfahrt, Kraus u. a.
Hamburg 1967 (ZDF)

Müller-Siemens, *Genoveva oder
Die weiße Hirschkuh* (Adolphine)
Wesseler, Kuntzsch; Moll, Andiel,
Hiestermann u. a.
ZDF (Auftragswerk) 1978

Strauß, *Der Zigeunerbaron*
(Mirabella)
Rabenalt, Eichhorn; Jerusalem,
Shade, Perry, Brendel, Rebroff,
Cvejic u. a.
SDR Stuttgart (Ton)/Jugoslawien
(Film) ca. 1975;
Taurus Video (VHS)

Strauss, *Arabella* (Kartenauf-
schlägerin)
Schenk, Solti; Janowitz, Weikl,
Kollo, Ghazarian u. a.
Unitel 1977; Decca Video (Laser-
Disc/VHS)

Strauss, *Die schweigsame Frau* (Haus-
hälterin)
Rennert, Sawallisch; Moll, Grist,
Grobe, McDaniel, Kusche u. a.
München 1973 (ARD)

Strawinsky, *The Rake's Progress*
(Mutter Goose)
Rennert, Bender; Ahnsjö, Vogel,
Nöcker, Berthold u. a.
München 1977

Tschaikowsky, *Pique Dame* (Gräfin)
– Noelte, Albrecht; Kollo, Altmeyer,
Roar, Nicolai u. a.
Köln 1981 (ZDF)
– (nach) Horres, Ozawa; Atlantow,
Freni, Leiferkus, Tschernow,
Kasarova u. a. (in russischer
Sprache)
Wien 1992 (ORF)

Verdi, *Ein Maskenball* (Ulrica)
Sanzogno; Berthold, Konya,
Constantin, Peters u. a.
ZDF 1966

Wagner, Das Rheingold (Erda; nur
optisch)
Karajan; Schreier, Fassbaender
Stewart, Kelemén, Stolze u. a.
Unitel 1978/81; Deutsche Grammophon Video (Laser Disc/VHS)*

Weill, *Aufstieg und Fall der Stadt
Mahagonny* (Begbick)

Rennert, Mende; Silja, Stolze,
Pfeifle, Gräfe, Winkler u. a.
Stuttgart 1970 (ARD)

Doppelgast in Aachen: Martha Mödl
in „Die Troerinnen" und „Melusine" (ca. 30 Min.)
WDR 1984

Bios Boulevard
Primadonnen: Martha Mödl, Jessye
Norman, Lucia Aliberti
WDR 1993

Abfallprodukte der Liebe (Film von
Werner Schroeter)
Cerquetti, Gorr, Dale, Gilmore,
T. Schmidt, Huppert u. a.
France Telecom/Arte/WDR 1992

Bayreuth Primadonnen
Martha Mödl, Astrid Varnay und
Birgit Nilsson
im Gespräch mit Klaus Schultz
BR 1997

Aufführungen 1942–1998

Zusammenstellung: Thomas Voigt
Die Liste erhebt durchaus keinen
Anspruch auf Vollständigkeit, son-
dern stellt das Ergebnis bisheriger
Recherchen da (siehe Vorwort).

Reihenfolge der Angaben:
Werk (Partie) – Regisseur, Dirigent;
Solisten (Alternativbesetzungen sind
mit Schrägstrich gekennzeichnet)

Abkürzungen:
EA Deutsche Erstaufführung
UA Uraufführung

Deutschland

Remscheid

1942–44
Der Troubadour (Azucena)
Hänsel und Gretel (Hänsel)
Figaros Hochzeit (Cherubin)
Borck, Napoleon (Savoyardenknabe)
EA
Verdi, La Traviata (Flora)
Strauss, Arabella (Adelaide)
Lehár, Zigeunerliebe (Zorika)
Thomas, Mignon (Titelpartie)

Düsseldorf (ab 1956 Deutsche Oper am Rhein Düsseldorf/Duisburg)

1944 (Gastspiel)
Rigoletto (Maddalena)

1945
Opernkonzerte (Amneris, Nancy,
Carmen, Dalila, Giulietta)
Tosca (Hirt) – Jacob, Hollreiser;
Lüssen/Wollbrandt/H. Braun,
Farsen/Reuland, Pütz/Nillius
Così fan tutte (Dorabella) – Jacob,
Hollreiser/Gierster; Lüssen, Hollweg,
Reuland, Jost, Fehn

1946
Hoffmanns Erzählungen (Niklaus) –
Jacob, Hollreiser; Reuland, Hollweg,
Raab/Zeyen, Lüssen, Fehn
Carmen (Titelpartie) – Jacob,
Hollreiser/Gierster/Zillig/Blümer;
Reuland/Weikenmeier/Ostertag/
Rosvaenge, Lüssen/Zeyen/Dietrich,
Nillius/Engels
Der Troubadour – Jacob, Hollreiser/
Gierster – Reuland/Miller, Lüssen,
Nillius/Reinhold/Engels
Hänsel und Gretel (Gertrud) – Jacob,
Gierster; R. Schlüter, Hollweg/
Hildesheim, Krebs

1947
Der Rosenkavalier (Octavian) –
Jacob, Hollreiser; Teschemacher/
Schlüter, Hollweg/Spletter, Prybit/
Th. Herrmann

Mathis der Maler (Gräfin Helfen-
stein) – Jacob, Hollreiser; Nillius,
Reuland, Lüssen
Figaros Hochzeit – Gründgens,
Hollreiser; Fehn, Cunitz/Dietrich/
Eipperle, Spletter, Fiedler
Don Carlos (Eboli) – Jacob, Holl-
reiser/Kraus; Reuland/Ostertag,
Fehn, Dietrich/Wasserthal/
Teschemacher, Nillius

1948
Ariadne auf Naxos (Komponist) –
Völker, Hollreiser/Gierster;
Teschemacher/Wasserthal, Reuland,
Hollweg
Tannhäuser (Venus) – Smolny,
Hollreiser/Blümer/Seegelken;
Kraayvanger/Aldenhoff/Buschmann,
Dietrich, Nillius/Gester, Fehn
Wozzeck (Marie) – Völker, Hollreiser;
Nillius, Ostertag

1949
Elektra (Klytämnestra) – Schum,
Hollreiser; Schlüter, Teschemacher,
Fehn
Boris Godunow (Marina) – Völker,
Hollreiser; Fehn, Reuland, Gester

1954
Tristan (Isolde) – Iltz, Szenkar;
Windgassen, H. Ludwig, Fehn

1964–69
Elektra – G. Reinhardt, Quennet/
Zanotelli; v. d. Lugt/Varnay/Kuchta,
Tarrés/Synek/Schröder-Feinen,
Bailey

1966
Götterdämmerung (letzte Brünnhilde
am 27. 2.) – Quennet; Hopf, Hoffman

1969
Salome – Völker, Quennet; Bukovac/
Fecht, Götz/Hopf, Roar/Becht

1974
Andrea Chenier (Madelon) –
G. Reinhardt; Erede; Mori/Holley,
Axarlis, Sarabia, Varnay

1986
Bluthochzeit (Mutter) – Horres,
Wallat; Niehoff, Bischof

1987–98
Bock/Stein, Anatevka (Golde) –
Wesseler, Geese; Glücksmann

1995
Klebe, Gervaise Macquart (Bazouge)
UA – Everding, Kulka; Marquez

Düsseldorf (Schauspielhaus)
1992
*B. A. Zimmermann, Ich wandte mich
und sah an alles Unrecht, das geschah
unter der Sonne* (Großinquisitor) –
Schroeter, Kloke

Hamburg
1948–50
Carmen – Rennert, Ludwig/
Konwitschny/Grüber; Schock/
Anders

1949
Der Rosenkavalier – Rennert, Ludwig;
Ebers, Della Casa, Th. Herrmann
Così fan tutte – Rennert, Ludwig;
L. Hoffmann, Rothenberger,
Th. Herrmann

1950
Elektra – Titelpartie: Erna Schlüter

1951
Menotti, Der Konsul (Magda) –
Rennert, Grüber; Maas
Tannhäuser – Boebel, Schmitz;
Melchert, Rysanek, Mund, Th.
Herrmann, Rothenberger
Fidelio (Leonore) – Rennert, Ludwig;
Anders, Metternich, Th. Herrmann,
Hoffmann

1952–56
Don Carlos – Rennert, Ludwig/
Bittner; Schock/Delorko, Wasser-
thal/Bollinger, Metternich/Ruzdak,
Frick/Blankenheim
Tristan – Bockelmann, Ludwig;
Windgassen, Ilosvay, Frick
Macbeth (Lady) – Rennert, Ludwig;
Metternich

1954
Die Walküre – Völker, Ludwig;
Anders, Wasserthal, Pease, Frick

1956
Ring – Rennert, Ludwig; Beirer,
Werth, van Mill

1958
Tristan – Ludwig; Beirer

1960
Tristan – Wieland Wagner, Ludwig;
Beirer, Aarden, Fliether, Greindl

1961
Strawinsky, Oedipus Rex (Iocaste) –
Rennert; Sprecher: Käutner

1963
Ring (letzte Serie) – Ludwig; Beirer,
Hillebrecht, Hotter, Symonette, van
Mill, Blankenheim

1965/66
Elektra – Völker, Ludwig/Schmidt-
Isserstedt; Varnay/Shuard,
Meyfahrt/Tarrés, van Mill/Krause,
Melchert

1966
Britten, Albert Herring (Mrs.
Herring) – Hess, Mackerras; Lang,
Wohlfahrt, Troyanos, Ruzdak,
Steiner

1967
Salome (Herodias) – Völker, Ludwig;
Weathers, Melchert, Fliether

1975
Elektra – Everding, Stein; Roberts,
Saunders, Krause, Cassilly

1982–84
Boris Godunow (Amme) – Horres,
Zender; Moll, Stamm, Schunk,
Grundheber, Lipovsek

Berlin (Staatsoper im Admiralspalast)

1948
Der Rosenkavalier – Völker, Keilberth;
Lemnitz

1950
Parsifal – Völker, Keilberth;
Aldenhoff
Macbeth – Völker, Keilberth;
Metternich

Berlin (Staatsoper)

1967
Elektra – Berghaus, Suitner; Steger, Dvorakova, Adam

Berlin (Städtische Oper/ Theater des Westens)

1956
Tristan – Suthaus, Dalis

1957–62
Parsifal – Völker, Kraus; Beirer

1959–62
Tristan – Wieland Wagner, Böhm/Hollreiser; Beirer, Meyer, Neidlinger, Greindl

Berlin (Deutsche Oper)

1962
Henze, Elegie für junge Liebende (Caroline) – Henze, Peters; Fischer-Dieskau

1962–67
Elektra – Völker, Hollreiser/Kraus; Kuchta/Lammers, Ericsdotter/Hillebrecht/Synek, Kreppel/Nöcker/Dooley, Suthaus/Melchert/Beirer

1966
Bluthochzeit (Gastspiel Stuttgart)

1968
Der Wildschütz (Gräfin) – Barlog, Hollreiser; Köth, Otto, Haefliger/Grobe, Wixell/McDaniel, Lagger/Röhrl
Blacher, 200 000 Taler (Ettie-Mennie) UA – Sellner, Hollreiser; Reich, Weiss, Haefliger, Feldhoff

Lulu – Sellner, Böhm; Lear, Fischer-Dieskau, Grobe

1970
Mahagonny (Gastspiel Stuttgart)

1971
Reimann, Melusine (Pythia) – Sellner, Peters; Gayer, Grobe, McDaniel

1972
Fortner, Elisabeth Tudor (Bänkelsängerin) UA – Kelch, Albrecht; Dernesch, Lorand, Nöcker, Dooley, Greindl

1973–77
Elektra – Schröder, Maazel/Hollreiser/Janowski; Schröder-Feinen, Hillebrecht/Rysanek/Bjoner, van Dam

1978
Pique Dame – Sulzberger, Albrecht; Holley, Lorengar, Fortune, Murray

1979
Offenbach, Die Seufzerbrücke (Scandaletta) KA – C. Richter; Appel, Mercker, Grobe, Jüten

Berlin (Deutsche Oper im Hebbel-Theater)

1984
Reimann, Gespenstersonate (Mumie) UA – Lukas-Kindermann, Layer; Hiestermann, Grobe, Nöcker, Sieber

Stuttgart

1951
Tristan – Arnold, Leitner; Windgassen

1953
Ring – Völker, Leitner; Windgassen

1954–58
Carmen – Puhlmann, Seegelken;
Anders/Windgassen/Del Monaco
Parsifal – Puhlmann, Leitner;
Windgassen

1955
Don Carlos – Puhlmann, Seegelken

1956
Orff, Antigonae – Wieland Wagner,
Leitner

1957
Ring – Wieland Wagner, Leitner;
Rysanek, Windgassen, Hotter
Schoeck, Penthesilea – Rennert,
Leitner; Wächter

1958
Tristan – Wieland Wagner, Leitner;
Windgassen, Hoffman

1961
Fortner, Bluthochzeit (Mutter) – Rennert, Leitner; Wissmann, Nöcker

1962
Strauss, Elektra (einzige Serie der
Titelpartie) – Wieland Wagner,
Leitner; Resnik, Hillebrecht

1963
Ring – Leitner; Rysanek, Tobin,
Windgassen, Neidlinger
Parsifal – Leitner; Thomas,
Neidlinger

1964
Elektra (Klytämnestra) – Karlheinz
Böhm, Karl Böhm; Shuard,
Ericsdotter

1965
Götterdämmerung (letzte Brünnhilde
in Stuttgart) – Leitner; Windgassen,
Rohr, Hoffman

1967
Mahagonny (Begbick) – Rennert,
Leitner; Stolze, Silja

1970
Bettelstudent (Palmatica) – Petzold,
Hager; Koszut, Sauter, Horst
Hoffmann, Linke

1971
Elektra – Hager, Kleiber; Steger,
Lippert, Wildermann, Windgassen

1975
Pique Dame – Rennert, Varviso;
Suikola, Stadler, Wolansky, Reich,
Rydl, Uhl

1978
Kodaly, Hary János (Fürstin) –
Poettgen, Kulka; Wolansky, Soffel

1984
Reimann, Gespenstersonate – Palitzsch,
Kulka

Bayreuther Festspiele

1951–60
Parsifal – Wieland Wagner, Knappertsbusch/Krauss; Windgassen/
Vinay/Beirer, Weber/Greindl/
Hotter, London/Hotter/Fischer-
Dieskau/Wächter, Uhde/Neidlinger/Blankenheim

1951/52
Götterdämmerung (Gutrune,
3. Norne) – Wieland Wagner,

Knappertsbusch/Karajan/Keilberth;
Varnay, Aldenhoff/Lorenz, Weber,
Uhde, Pflanzl/Neidlinger

1952/53
Tristan – Wieland Wagner, Karajan/
Jochum; Vinay, Malaniuk, Hotter/
Neidlinger, Weber

1953–58
Ring – Wieland Wagner, Keilberth/
Knappertsbusch; Windgassen, Hotter,
Resnik/Varnay/Brouwenstijn/
Rysanek, Vinay/Lorenz/Vickers,
Neidlinger/Andersson, Greindl

1954
Die Walküre (Sieglinde) – Wieland
Wagner, Keilberth; Varnay, Lorenz,
Hotter, Greindl

1962
Tristan – Wieland Wagner, Böhm;
Windgassen, Meyer, Wächter,
Greindl

1966/67
Götterdämmerung (Waltraute) –
Wieland Wagner, Böhm; Wind-
gassen, Nilsson, Neidlinger,
Greindl, Stewart, Dvorakova

1967
Ring (Fricka) – Wieland Wagner,
Suitner; Dvorakova, Stewart, King,
Rysanek, Neidlinger

München (Prinzregententheater)

1958–63
Tristan – Hartmann, Keilberth/
Knappertsbusch; Suthaus/Liebl/
Windgassen, Töpper/Malaniuk,
Metternich, Kreppel/Frick/Hotter

1958
Fidelio – Hartmann, Keilberth/
Zallinger; Uhl, Metternich, Wieter/
Böhme, Fahberg/Steffek

1962
Ring – Hartmann, Keilberth; Hopf,
Watson, Uhl, Hotter, Frick, Kusche

1963
Parsifal – Arnold, Keilberth; Uhl,
Hotter, Wiener, Peter

1988
Reimann, Gespenstersonate (Mumie) –
Lehberger, Liljefors; Nöcker,
Husmann, Ahnsjö

München (Nationaltheater)

1963/64
Die Frau ohne Schatten (Amme) –
Hartmann, Keilberth/Zallinger;
Bjoner/Exner, Borkh, Thomas/
Hopf, Fischer-Dieskau/Yahia

1965
Don Carlos – Hartleb, Hollreiser;
Cox, Tarrés, Frick, Cordes

1965/66
Salome – Hartmann, Keilberth/
Schmitz; Kouba, Uhl, McKee,
Wolovsky/Nöcker

1967–71
Elektra – Hartleb, Hollreiser/
Keilberth/Hager/Zanotelli; Borkh/
Varnay/Lammers, Hillebrecht/
Bjoner/Lindholm/Schröder-Feinen,
Nöcker/Imdahl/Crass, Uhl/Stolze

1968–78
Salome – Rennert, Zanotelli/Holl-

reiser/Rieger/Kuntzsch/Bender –
Kouba/Malmberg/Lorand/
Schröder-Feinen/Rysanek/Jones,
Uhl/Stolze/Hopf, Nöcker/Roar

1968
Bennett, Napoleon kommt (A Penny
for a Song) EA – Rennert,
Dohnanyi/Bender; Stolze, Hallstein
Bluthochzeit (Gastspiel Stuttgart)
Mahagonny (dto.)

1970–74
Lulu – Rennert, Dohnanyi/Peters/
Bender; Silja/Card, Uhl/Grobe,
Nöcker, Hotter

1971–76
Die verkaufte Braut (Ludmila) –
Rennert, Sawallisch/Bender; Fine/
Kirschstein, Kmentt/Hoffmann/
Ilosfalvy, Kelemen/Czerwenka

1971–77
Die schweigsame Frau (Haushälterin) –
Rennert, Sawallisch; Grist/Scovotti/
Wise, Böhme/Moll/Ridderbusch,
Grobe, McDaniel/Brendel, Kusche,
Schädle, Linos/Wewezow

1971–79
Boris Godunow (Schankwirtin);
Rennert, Kubelik/Bender/Varviso;
Talvela/Adam/Tozzi/Moll, Crass/
Kohn/Hillebrand, Cochran/Hopf/
Neumann, Nöcker/Imdahl,
Fassbaender/Berthold/Randova/
Nejceva

1972
Albert Herring (Mrs. Herring) –
Hartleb, Kuntzsch; Grobe, Lorand,
Benningsen

1973–75
Gianni Schicchi (Zita) – Rennert,
Sawallisch; Fischer-Dieskau, Schary,
Ahnsjö/Grobe

1977/78
Arabella (Kartenauschlägerin) –
Beauvais, Sawallisch; Varady/
Tomowa-Sintow/Yakar, Fischer-Dies-
kau/Roar/Wächter, Mathis/Popp

München (Cuvillies-Theater)

1973
Reimann, Melusine – Käutner/Mago,
Leitner; Taskova, Grobe, McDaniel

1976
The Rake's Progress (Mutter Goose) –
Rennert, Bender/Hollreiser;
Ahnsjö, Vogel, Nöcker, Berthold

1992
Strawinsky, Die Geschichte vom Soldaten
(Mutter) – Lehberger, Beaumont

München (Marstall)

1980
Haupt, Der Neurosenkavalier (Maria
Schall) UA – R+D: Haupt

1989
Hamel, Kassandra (Hekuba) EA –
Lehberger, Epple; Evangelatos

Nürnberg

1959
Die Walküre – Hager, Riede;
Feiersinger, Jonas, Wolovsky

1965
Elektra – Weber, Riede; Jonas,
Kingdom, Wolovsky

1968
Dessau, Die Verurteilung des Lukullus
(Fischweib)

1973
Yun, Geisterliebe (Schamanin) –
Dicks, Zender

1976
Bluthochzeit – Lehnhoff, Gierster;
Fecht, Hanner, Runkel

1988
W. Zimmermann, Über die Dörfer (Alte
Frau) UA – Lukas-Kindermann,
Gayler; Thiemann, Ebel, Hanner

1992/93
*B. A. Zimmermann, Ich wandte mich
und sah an alles Unrecht, das geschah
unter der Sonne* – Schroeter, Kloke

Köln (NWDR/WDR)

1949
Ariadne (Komponist) – Keilberth;
Wegner, Ralf, Hollweg
Parsifal – Kraus; Aldenhoff, Nillius,
Fehn

1951
Ein Maskenball (Ulrica) – Busch;
Wegner, Schlemm, Fehenberger,
Fischer-Dieskau
Oedipus Rex – Strawinsky; Pears,
Rehfuss, Rohr, Krebs

Köln (Opernhaus)

1969
Mahagonny – Neugebauer, Janowski;
Esser, Fine

1970–82
Der Wildschütz – Neugebauer, Kulka/
Fischer; Nicolai, Kertesz, Feller

1972/73
Lulu – Neugebauer, Koch; Farley,
Nöcker, Ree, Feller

1974
Fra Diavolo (Pamela) – Rasky,
Fischer; Buzea/van Ree, Popp/
Kertesz/Perry, Nicolai, Feller
Fortner, Elisabeth Tudor (Bänkel-
sängerin) – Neugebauer, Drewanz;
Straussova, Sandoz, Nöcker

1975
Orpheus in der Unterwelt (Juno) –
Saladin, Koch; Schachtschneider,
Kertesz, Nicolai, Feller

1977
Die schweigsame Frau – Neugebauer,
Janowski; Koszut, Salminen,
Lloveras, Nicolai

1978–80
Pique Dame – Noelte, Albrecht;
Kollo/Lewis, Altmeyer/Flake/Griffel,
Nicolai, Roar/Braun

Aachen

1982
Bluthochzeit – Pohl, Monnard;
Kremling, Volz

1984
Sartre, Die Troerinnen des Euripides
(Hekuba) – Pohl
Reimann, Melusine – Mützel,
Monnard; Robertson

Bad Gandersheim (Domfestspiele)

1978
Bernarda Albas Haus – Pohl

1980
Euripides/Braun, Die Troerinnen – Pohl

Bielefeld

1972
Der Besuch der alten Dame (Claire) –
Lukas-Kindermann, Conz; Neumann,
Schulte

1974
Elektra – Lukas-Kindermann, Conz;
Steger, Haubold, Nienstedt

Bonn

1976
Pique Dame – Wopmann, Lang;
Esser/Kachel, Grosse/Stadler

Braunschweig

1973
Elektra – Meyer-Hanno, Esser;
Bukovac, Knapp, Johnson,
Gougaloff

1976
Reimann, Melusine – Lukas-Kindermann, Maurer; Bajew

Bremen

1959
Tristan – Wallberg; Grumann, Wien,
Bröcheler

1985
Mahagonny – Wüstenhöfer,
Schneider; Stone, Fassler

Darmstadt

1976
Mahagonny – Dicks, Franz; Smith-
Meyer, Maran

Dortmund

1983
Pique Dame – Hager/Fulle, Wallat;
Haas, Quilling

1993
Hiller/Ende, Der Rattenfänger (Abt
Lambert) UA – Lukas-Kindermann,
Wagner; Feidman

Essen

1990
Pique Dame – Kreppel, Wallberg;
Schmidt/Steblianko, Joselson,
Szilagy, Marco-Buhrmester

Frankfurt

1966
Mahagonny – Buckwitz, W. Rennert;
Moorfield/Fine, O'Neill, Wehof-
schitz, Hagenau, Winkler, Rebroff

1981
Zimmermann, Die Soldaten (Weseners

Mutter) – Kirchner, Gielen –
Schwanbeck, Christie, Cochran, Card

Freiburg

1974
Katja Kabanova (Kabanicha) –
Schaarschmidt, Rickenbacher;
Kremling, Palay, Engert

Hannover

1976
Elektra – Roth, Jöris; Vinzing, Illes,
Nentwig

1986
Reimann, Gespenstersonate – Lukas-
Kindermann, Mahlke; Haertel

1987
Reimann, Troades (Chorführerin) –
Lehmann, G. A. Albrecht; Elchlepp,
Behle

Karlsruhe

1976/77
Elektra – Knell, Grüber/Kuhn;
Schröder-Feinen/Steger, Savova,
Hillebrand

Kassel

1981
Hamel, Ein Menschentraum (Madachs
Mutter) UA – Dorn, Faber; Schenck,
Husmann

Kiel

1971
Yun, Geisterliebe (Schamanin) UA –
Dicks, Zender;

1974–76
Elektra – Lukas-Kindermann,
Tennstedt; Mastilovic/Steger, Fecht

1976
Bluthochzeit – Lukas-Kindermann,
Tennstedt; Payer, Morgan

1977
Mahagonny – Lukas-Kindermann,
Eckert; Hof-Helmers, Sooter

Leipzig

1965
Bluthochzeit – Rennert, Leitner
(Gastspiel Stuttgart)

Lübeck

Bluthochzeit – Haase, Wolfgang
Fortner; Vinzing, Shadur

Mannheim

1963
Tristan – Schüler, Stein; Beirer,
Tamassy, Dalberg

Münster

1968
Britten, Gloriana (Elizabeth I) EA –
Geiger, Peters; Kotscha

1972
Mahagonny – Pohl, Komar; Iwanow,
James Thomas

Oldenburg

1973
Der Besuch der alten Dame –
Rothacker, Janota; Bicos, Burbach

Saarbrücken

1976
Menotti, Das Medium (Madame
Flora) – Fischer, Wächter

Schwetzinger Festspiele

1971
Reimann, Melusine (Pythia) UA –
Sellner, Peters; Gayer, Grobe,
McDaniel, Greindl
(Coproduktion mit der Deutschen
Oper Berlin)

Trier

1972
Menotti, Das Medium – Pohl, Bibl

1996
Honegger, Johanna auf dem Scheiter-
haufen (Mutter Weinfaß) – Lukas-
Kindermann, Hager; Ziegler, Reppel

Wiesbaden (Mai-Festspiele)

1964
Die Frau ohne Schatten – Drese,
Wallberg; Leber, Synek, Liebl, Crass

1979
S. Wagner, Sonnenflammen; – Köhler;
Synek, Schulte, Lorenz

Wuppertal

1963
Parsifal – G. Reinhardt, Ratjen;
Wollitz, Kelemen

Österreich

Wien (Theater an der Wien)

1948
Der Rosenkavalier – Jerger, Moralt;
H. Konetzni, Güden (?), Weber
Rigoletto – Witt, Loibner; Oeggl (?),
Loose, Dermota

1953
Macbeth – Schuh, Pritchard;
Metternich, Szemere, Czerwenka

1953/54
Fidelio – Graf, Furtwängler/Holl-
reiser/Kempe/Böhm; Windgassen/
Lorenz/Rosvaenge, Edelmann/
Neidlinger/Schöffler/Metternich/
London/Frantz, Frick/Weber/
Czerwenka, Jurinac/Loose/Güden/
Hollweg, Schock/Dermota/Dickie
Carmen – Schuh, Klobucar/Loibner;
Rosvaenge/Windgassen/Decker/
Hopf, Siebert/Grümmer/Jurinac/
Güden, Baylé/Braun/London

1953–55
Tristan – Witt, Moralt; Lorenz,
Höngen/Kenney, Kamann/Schöffler,
Hofmann/Weber/Frick
Die Walküre – Wymetal, Moralt/
Loibner/Hollreiser; Treptow/
Lorenz, Konetzni/Rysanek/
Reining, Hofmann/Kamann

1954
Boris Godunov – Wallerstein,
Klobucar; London, Hopf

1954/55
Don Carlos – Witt, Klobucar;
Friedrich/Hopf, Edelmann/

Schöffler/Frick/Koreh, Goltz/
Zadek, Baylé/Metternich/Braun

1955
Tannhäuser – Wallerstein, Böhm;
Lustig, Nilsson, Wächter, Böhme

Wien (Staatsoper)

1955 (Wiedereröffnung am 5.11.)
Fidelio – Tietjen, Böhm; Dermota,
Schöffler, Weber, Seefried

1955–60
Fidelio – Moralt/Krips/Karajan/Holl-
reiser/Keilberth; Hopf/Suthaus/
Patzak/Windgassen, Neidlinger/
Uhde/Hotter, Frick/Böhme/
Edelmann/Greindl, Jurinac/Lipp/
Rothenberger/Stich-Randall

1956–58
Tristan – Witt, Hollreiser/Moralt/
Kempe; Liebl/Lustig/Lorenz,
Milinkovic/Höngen/Rössel-Majdan,
Kamann/Schöffler, Weber/Frick/
Czerwenka

1958–63
Tristan – Karajan, Karajan/Cluytens;
Windgassen/Suthaus/Beirer,
Ludwig/Malaniuk, Schöffler/
Neidlinger/Wiener, Frick/Greindl/
Hotter/Kreppel

1956–58
Don Carlos – Jerger, Klobucar/Rossi;
Friedrich/Hopf/Zidek, Greindl/
Edelmann/Uhde, Konetzni/Goltz/
Zadek, Wächter/Metternich/Braun

1957–62
Die Walküre – Karajan; Karajan/
Hollreiser/Keilberth/Wallberg/

Klobucar; Nordmo-Loevberg/
Cunitz/Rysanek/Brouwenstijn/
Zadek/Konetzni, Suthaus/Wind-
gassen/Vickers/Beirer, Hotter/
Edelmann/Wiener/S. Björling

1957/59
Carmen – J. Gielen, Hollreiser/
Klobucar; Hopf/Vickers, Metter-
nich/Berry, Güden/Stich-Randall

1958/59
Oedipus Rex – Schuh, Karajan/
Strawinsky; Cocteau/Frey, Kmentt,
Böhme, Frick/Engen

1959
Tannhäuser – Gielen, Klobucar/
Hollreiser; Windgassen/Suthaus,
Cunitz/Goltz, Wächter, Böhme/
Greindl/Kreppel

1963
Elektra – Rott, Hollreiser; Kuchta,
Felderer, Kreppel, Beirer

1964
Jenufa (Küsterin) – Schenk,
Krombholc; Jurinac, Kmentt/Stolze,
Cox, Höngen/Milinkovic

1967–70
Elektra – Wieland Wagner, Holl-
reiser/Ludwig; Nilsson/Borkh/
Green, Lindholm/Tarrés/Rysanek,
Nienstedt/Wiener, Windgassen/
Stolze

1967
Holländer (Mary) – Wieland/Gertrud
Wagner, Hollreiser/Zallinger/
Märzendorfer; Adam/Wiener/
Nöcker, Felderer/Rysanek/Jones,

210

Ridderbusch/Kreppel/Czerwenka,
Kmentt/King/Beirer

1968–72
Lulu – Schenk, Böhm/Hollreiser/
Peters/Bender; Silja, Gutstein,
Kmentt/Uhl, Hotter/Greindl

1976/77
Einem, Kabale und Liebe (Frau Miller)
UA – Schenk, Dohnanyi; Beirer,
Weikl, Fassbaender, Berry, Silja

1981
Cerha, Baal (Baals Mutter) EA –
Schenk, Dohnanyi; Adam, Berger-
Tuna, Hopfner, Lipovsek

1992
Pique Dame – Horres, Ozawa;
Atlantow, Freni, Leiferkus, Chernov,
Kasarova

Wien (Volksoper)

1966
Pique Dame – Jernek, Maag;
Dernesch, Cox, Cordes, Gutstein

1980
Pariser Leben (Freifrau) – Baumann,
Prikopa; Minich, Dallapozza,
Martikke, Irosch, Gutstein, Dönch

Salzburger Festspiele

1964/65
Elektra – R+D: Karajan; Varnay,
Hillebrecht, Wächter, King

1981
Cerha, Baal (Baals Mutter) UA –
Schenk, Dohnanyi; Adam, Berger-
Tuna, Lipovsek

Graz (Festspiele auf dem
Schloßberg)

1958
Fidelio – Diehl, Caridis; Dermota,
Imdahl

Graz (Opernhaus)

1982
Pique Dame – Pöppelreiter, Bareza;
Müller-Lorenz/Winter, Smiljanic

1983
Mahagonny – Schildknecht, Bozic;
Lubahn, Müller-Lorenz

Innsbruck

1994
Johanna auf dem Scheiterhaufen
(Mutter Weinfaß)

Schweiz

Zürich

1959/60
Götterdämmerung – Krahl, Denzler;
Aldenhoff/Windgassen, Böhme/
Tappolet, Herwig, Pernerstorfer/
Imdahl, Davenport

1960
Fidelio – Krahl, Knappertsbusch;
Feiersinger, Symonette, Gillig,
Friedrich

1979
Anatevka (Golde) – Baumann;
Reichmann

Hans Heiling (Gertrude) –
Lehnhoff, Leitner – Herrmann,
Dernesch, Fuchs, Götz

1986
Jenufa (Alte Burija) – Ljubimov,
Thielemann; Niehoff, Axarlis,
Blinkhof, Straka

Basel

1964
Bluthochzeit – Rennert, Leitner
(Gastspiel Stuttgart)

Bern

1967
Pique Dame – Mansouri, Röthlisberger

1974
Bluthochzeit – Oberer, Körner;
Lorenzen, Morgan

Genf

1964
Elektra – W. Rennert; Borkh

1967
Salome – Sebastian; Silja/Davy/
Weathers, Esser, Mazura/Alexander

1975
Mahagonny – Riber, Köhler; Silja,
van Ree, Stolze, Bell

Italien

Mailand (Scala)
1951
Parsifal – Erhard, Furtwängler;
Beirer, Edelmann, Greindl

1952
Fidelio – R+D: Karajan; Windgassen,
Edelmann, Della Casa

1953
Lohengrin (Ortrud) – R+D: Karajan;
Windgassen, Schwarzkopf,
Neidlinger, Metternich

1955
Die Walküre – Frigerio, Ackermann;
Rysanek, Windgassen, Hotter

Turin

1969
Elektra – Büsse, Gerdes;
Calomfirescu, Leber, Colombo

Venedig

1953
Tristan – Arnold, Leitner (Gastspiel
Stuttgart)

Florenz

1950
Elektra – Graf, Mitropoulos;
A. Konetzni, Ilitsch

1952
Schumann, Genoveva (Margarete) –
Gründgens, Keilberth

1954
Tristan – Keilberth; Treptow, Klose,
Hotter, Frick

Rom (RAI)

1953
Ring – Furtwängler; Suthaus,
Konetzni, Windgassen, Greindl etc.

Rom (Teatro dell'Opera)

1961
Götterdämmerung – Matacic

1965
Elektra – Dorati; Borkh, Ericsdotter

Neapel

1952
Ring – Wieland Wagner, Knapperts-
busch; Treptow, Rysanek, Björling,
Greindl

Frankreich

Paris (Théatre des Champs Elysées)

1952
Tristan (Gastspiel Stuttgart)

1954
Parsifal (Gastspiel Stuttgart)

Paris (Grand Opéra)

1955
Ring – Schmid-Bloss, Knapperts-
busch; Rysanek, Treptow/Suthaus,
Hotter/Björling, Greindl, Schöffler

Paris (Théatre des Nations)

1963
Bluthochzeit (Gastspiel Stuttgart)

Strassbourg

1962
Tristan – Adam; Windgassen,
Malaniuk, Neidlinger, Rohr

Lyon

1961
Parsifal – Cluytens

1963
Elektra – R. Kraus

Toulouse

1952
Die Walküre – Schmid-Bloss, Ludwig;
Rysanek, Lorenz, Hotter

1959
Tristan – Deloger, Riede; Suthaus,
Gorr, Neidlinger, Greindl

Bordeaux

1952
Die Walküre – Schmid-Bloss, Ludwig;
Rysanek, Lorenz, Hotter

1953
Parsifal – Sebastian; Lorenz, Braun,
Weber

Marseille

1952
Die Walküre – Schmid-Bloss, Ludwig;
Rysanek, Lorenz, Hotter

1953
Parsifal – Sebastian; Lorenz, Weber
Walküre – Ackermann; Rysanek,
Lorenz, Großmann

Nizza

1961
Tristan – Médecin, Klobucar;
Windgassen, Hoffman

1982, 1989
Pique Dame – Ionescu, Klobucar/
Lloyd-Jones – Blinkhof/Marusin,
Temesi, Bröcheler/Wells,
Wahngren/Hvorostovsky

Groß-Britannien

London (Covent Garden)

1949
Carmen (engl.) – Rankl

1959
Ring – Konwitschny

1966
Elektra – Downes; Shuard,
Lindholm/Collier, Shaw

1972
Die schweigsame Frau (Gastspiel
München)

London (Royal Festival Hall)

1955
Tristan – Arnold, Leitner; Windgassen (Gastspiel Stuttgart)

London (Queen Elizabeth Hall)

1975
S. Wagner, Der Friedensengel
(Kathrin) – Head; Kuhse, Hill,
Polani

Edinburgh Festival

1952
Der Rosenkavalier – Rennert, Ludwig;
Ebers, Della Casa, Th. Herrmann
Fidelio – Rennert, Ludwig; Anders,

Metternich, Della Casa (Gastspiel
Hamburg)

1958
Tristan – Wieland Wagner, Leitner;
Windgassen (Gastspiel Stuttgart)

1971
Reimann, Melusine (Gastspiel Berlin)

Europa, div.

Kopenhagen

1960
Tristan – Wieland Wagner, Ludwig
(Gastspiel Hamburg)

Amsterdam (Holland Festival)

1959
Tristan – Wieland Wagner, Leitner;
Windgassen, Malaniuk

Brüssel

1957
Walküre – Wieland Wagner,
Sawallisch; Windgassen, Hotter
(Bayreuth-Gastspiel)

1975
Mahagonny – Kuefner, Gras;
Williams, Reece, Katz, Weller,
Rebroff

Antwerpen

1957
Die Walküre – Suthaus, Hotter

Barcelona

1955
Tristan/Parsifal/Die Walküre – Wieland Wagner, Keilberth (Bayreuth-Gastspiel)

1974
Soler, Edipo y Yocasta (Yocasta) – Ros Marba; Artysz, Serra

Lissabon

1965
Elektra – Sebastian; Varnay, Synek

Bukarest

1968
Bluthochzeit (Gastspiel Stuttgart)
Elektra (dto.) – Leitner; Borkh, Hillebrecht

Moskau

1986
Bluthochzeit (Gastspiel der Deutschen Oper am Rhein)

Amerika

New York (Metropolitan Opera)

1957
Ring – Graf, Stiedry; Windgassen/Vinay, Schech, Vinay/da Costa, Uhde/Edelmann, Madeira, Böhme, Thebom

1958
Parsifal – Graf, Stiedry; Vinay, Harrell, Hines, Pechner

Tristan – Graf, Stiedry; Vinay, Dalis/Hoffman, Edelmann
Konzert mit Wagner-Szenen – Bernstein; Vinay

1959/60
Die Walküre – Graf, Böhm; Vickers, Loevberg, Uhde
Parsifal – Graf, Leinsdorf; Liebl, Hines, Uhde, Pechner

Mexico City

1970
Elektra – Frusca, Fuente; Calomfirescu, Tarrés, Cox

Buenos Aires

1960
Die Walküre – Leitner; Brouwenstijn, Beirer, Hotter
Tannhäuser – Leitner; Beirer, Brouwenstijn

1986
Pique Dame – Hadjimischev, Janowski; Svetlev, Andrew, Miller

Afrika

Tunis

1957
Tristan – Suthaus

Auszeichnungen

Österreichische und Deutsche
Kammersängerin
Das große Verdienstkreuz des Ver-
dienstordens der Bundesrepublik
Deutschland
Der bayerische Verdienstorden
Kulturpreis der Stadt Nürnberg

Personenregister